L'ANGLAIS
À L'HÔPITAL

Michel DURAND
Professeur d'anglais
Université Lumière Lyon 2

Malcolm HARVEY
Maître de conférences associé
Université Lumière Lyon 2

Catherine BOYER
Infirmière anesthésiste
Formatrice à l'IFSI de Privas

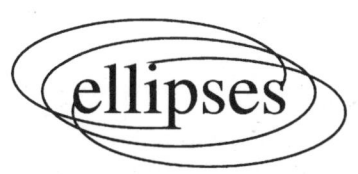

ISBN 2-7298-4562-3

© ellipses / édition marketing S.A., 1995
32 rue Bargue, Paris (15ᵉ).

La loi du 11 mars 1957 n'autorisant aux termes des alinéas 2 et 3 de l'Article 41, d'une part, que les « copies ou reproductions strictement réservées à l'usage privé du copiste et non destinées à une utilisation collective », et d'autre part, que les analyses et les courtes citations dans un but d'exemple et d'illustration, « toute représentation ou reproduction intégrale, ou partielle, faite sans le consentement de l'auteur ou de ses ayants droits ou ayants cause, est illicite. » (Alinéa 1er de l'Article 40).
Cette représentation ou reproduction, par quelque procédé que ce soit, sans autorisation de l'éditeur ou du Centre français d'Exploitation du Droit de Copie (3, rue Hautefeuille, 75006 Paris), constituerait donc une contrefaçon sanctionnée par les Articles 425 et suivants du Code pénal.

Table des matières

Avant-propos 1

PREMIÈRE PARTIE : ACCUEIL, EXAMEN MÉDICAL ET CONFORT DU PATIENT

1. Accueil et formalités administratives 7
1. Présentation et accueil 7
2. Expliquer et rassurer 8
3. Premier contact avec le personnel médical 9
4. État civil du patient 10
5. Assurance maladie du patient 13
6. Autorisation d'opérer, personne à prévenir en cas de besoin et dépôt de valeurs 17
7. Sortie de l'hôpital 20
   - A. Sortie normale 20
   - B. Sortie sur décharge 22
   - C. Rapatriement sanitaire 23
8. Décès 24
   - A. Annonce de l'imminence d'un décès 24
   - B. Annonce d'un décès 25
   - C. Don d'organes 27
   - D. Rapatriement d'un corps à l'étranger 28

2. Interrogatoire médical 29
1. Présentation 29
2. Questionnaire général 30
3. Antécédents familiaux 31
4. Antécédents personnels 32
5. Antécédents allergiques 36
6. Problème actuel 37

3. Examen général 41
1. Installation du patient 41
2. Description de la douleur 42
3. Examen de la tête et du cou 44
4. Examen pulmonaire et cardiaque 45
5. Examen de l'abdomen 49
6. Examen des membres 52

4. Fonctionnement du service 55
1. Présentation du service 55
2. Explications visant à assurer le confort du patient 57
3. Explications à l'intention des visiteurs et des accompagnateurs ... 61

5. Constitution du dossier de soins 63
1. Nutrition 63
2. Élimination 65
3. Activité et exercice 66
4. Sommeil et repos 68
5. Vision et audition 69
6. Sexualité et contraception 70
7. Gestion du stress et adaptation 70
8. Valeurs et croyances 72

6. Bilan d'entrée 73
1. Température 73
2. Tension artérielle et pulsations cardiaques 74
3. Poids et taille 75
4. Analyse d'urines 76
5. Prise de sang 78
6. Examens complémentaires 81
   - A. Radiographies 82
   - B. Échographies 84
   - C. Endoscopies 84
   - D. Biopsies 85

7. Gestes techniques ... 87
1. Injections, perfusions, transfusions et sondes ... 87
   A. Injections ... 87
   B. Perfusions ... 88
   C. Transfusions ... 89
   D. Sondes ... 90
2. Vaccinations ... 91
3. Pansements ... 91

8. Hygiène et confort du patient ... 97
1. Toilette au lit ou au lavabo ... 97
2. Bain-douche ... 101
3. Shampooing ... 101
4. Bain de pieds ... 102
5. Uriner et aller à la selle ... 103
6. Lever le patient du lit, le faire marcher et l'installer dans le lit ... 104
7. Habiller le patient ... 106
8. Faire et changer le lit ... 107
9. Sommeil ... 108
10. Alimentation ... 108

Deuxième partie : orientations pathologiques

9. Chirurgie orthopédique (fractures, plâtres, rééducation) ... 113
1. Interrogatoire, examen et diagnostic ... 113
   A. Interrogatoire et examen ... 113
   B. Diagnostic et explications ... 114
2. Plâtres (pose et suivi) ... 118
3. Fiche pour les plâtres ... 120
4. Kinésithérapie ... 122
   A. Généralités ... 122
   B. Fracture, luxation, entorse ou traumatologie ... 123
   C. Sciatique ou cruralgie ... 124
   D. Torticolis ou blocage vertébral ... 125
5. Soins infirmiers spécifiques ... 126

10. Chirurgie viscérale et gastro-entérologie 129
1. Interrogatoire et diagnostic 129
2. Soins infirmiers spécifiques 135

11. Anesthésie et réanimation 137
1. Interrogatoire pré-anesthésique 137
2. Au bloc opératoire 139
   A. Induction 139
   B. Anesthésie locale 140
   C. Réveil 141
3. Réanimation 142
   A. Explications générales 142
   B. Oxygène, respiration 144
   C. Intubation, trachéotomie 144
   D. Sonde gastrique 145
   E. Sonde urinaire 147

12. Neurologie, O.R.L. et ophtalmologie 149
1. Antécédents 149
2. Examen de la mobilité et des réflexes 149
3. Examen des yeux 152
4. Soins des yeux 154
5. Examen O.R.L. 155
   A. Oreilles 155
   B. Bouche, gorge et nez 157
6. Soins des oreilles 159
7. Soins de la gorge et du nez 159
8. Épilepsies 160
9. Syncopes 161
10. Céphalées 163
11. Méningites 165

13. Pneumologie 167
1. Interrogatoire général 167
2. Toux 168
3. Dyspnée 169

- 4. Tabac 170
- 5. Soins infirmiers spécifiques 171
  - A. Atomiseurs (sprays) 171
  - B. Inhalations 171
  - C. Aérosols 172

14. Cardiologie 173
1. Antécédents héréditaires 173
2. Antécédents personnels 173
3. Histoire actuelle 174
4. Dyspnée 175
5. Douleur 175
6. Palpitations 176
7. Autres symptômes 176
8. Examens : électrocardiogramme, échographie et angiographie cardiaques, Doppler, pose d'un pacemaker 177
9. Soins infirmiers spécifiques 180

15. Urologie-néphrologie 181
1. Antécédents personnels 181
2. Problème actuel 182
3. Douleur 184
4. Œdèmes 186

16. Gynécologie 187
1. Interrogatoire sur le cycle menstruel 187
2. Interrogatoire sur les pertes et les saignements ... 188
3. Interrogatoire sur la vie sexuelle et la contraception ... 189
4. Examen clinique 191
5. Pathologies 192
   - A. Salpingite 192
   - B. Grossesse extra-utérine 193

17. Maternité 195
1. Interrogatoire 195
2. Échographie 197

3. Accouchement	198
4. Soins infirmiers spécifiques	200

18. Pédiatrie 203

1. Interrogatoire général 203
2. Orientations pathologiques 205
   - A. Problèmes digestifs, déshydratation 205
   - B. Convulsions 207
   - C. Problèmes respiratoires 208
   - D. Problèmes accidentels 210
3. Croissance 212
4. Habitudes de vie 213
   - A. Comportement alimentaire 213
   - B. Sommeil 214
5. Explications visant à rassurer les parents 215

19. Accidents et problèmes divers 217

1. Coups de soleil, coups de chaleur 217
2. Brûlures 218
3. Mycoses 220
4. Gelures 221
5. Piqûres 221
6. Morsures 222
   - A. Morsure de chien ou de chat 222
   - B. Morsure de rongeur 223
   - C. Morsure de serpent 223
7. Intoxications, empoisonnements 224
   - A. Avec des médicaments 224
   - B. Avec des aliments 225
   - C. Avec d'autres produits 225
8. Problèmes dentaires 227
   - A. Interrogatoire et diagnostic 227
   - B. Soins et ordonnance 229

Index 233

Avant-propos

UNE RÉPONSE À UN BESOIN

À l'occasion de leurs vacances, de leurs études ou de leur travail, les Européens se déplacent de plus en plus dans les quinze pays de l'Union, amenant ainsi le personnel hospitalier français à accueillir et à soigner des patients britanniques, mais aussi allemands, hollandais ou scandinaves, avec qui il doit souvent communiquer en anglais.

Or, les problèmes linguistiques ralentissent ou gênent l'établissement du diagnostic médical ou la pratique des soins infirmiers. Ils sont en outre préjudiciables à la qualité des rapports humains que l'on s'efforce d'établir avec ces patients, qui déplorent presque toujours de ne pouvoir poser les questions précises qui les préoccupent ou d'être incapables de fournir des renseignements pertinents sur eux-mêmes[1].

---

1. Ainsi, dans un article du journal *The News* (n° 43, juillet 1992, p. 6) un patient britannique hospitalisé et opéré en France, qui ne tarit pas d'éloges sur les hôpitaux français, se plaint d'une seule chose : avoir été « incapable de communiquer avec précision. [...] Si l'on ne parle pas bien français, on comprend à peu près ce qui se passe, mais on ne peut pas discuter ou faire des suggestions utiles. On ne peut même pas vraiment fournir sur soi-même les renseignements que l'on estime pertinents. »

Certes, il existe divers dictionnaires[1] ou lexiques médicaux[2], tandis que plusieurs manuels comportent des questionnaires bilingues facilitant l'interrogatoire ou l'examen médical des patients anglophones[3]. Par ailleurs, la revue *L'infirmière Magazine* publie régulièrement des fiches bilingues très utiles consacrées aux soins infirmiers. Mais aucun de ces ouvrages ne permet encore un dialogue véritable et systématique avec des anglophones hospitalisés.

Ce manuel, qui n'a pas du tout l'ambition de constituer un lexique exhaustif, veut donc fournir au personnel hospitalier français un outil efficace de communication avec les patients anglophones ou leurs accompagnateurs. Grâce à un jeu de phrases simples et modulables, il permet de les accueillir, de les interroger, de comprendre leurs réponses mais aussi leurs questions, de leur fournir des explications, de mieux cerner leurs besoins et de leur dispenser des soins plus efficaces.

Il s'adresse avant tout aux praticiens des hôpitaux et des cliniques (chirurgiens, médecins, infirmières…), mais il peut être aussi utilisé avec profit par les médecins généralistes, les infirmières indépendantes, les étudiants des Facultés de médecine ou des Instituts de formation en soins infirmiers.

---

[1]. J. et T. Delamare (Maloine, 1970), W.J. Gladstone (Maloine, 1978) ou GRECOMED (Ellipses, 1992).

[2]. A. & H. Harlay, *Anglais infirmier* (Masson, 1994).

[3]. J. Parkinson, *A Manual of English for the Overseas Doctor* (Londres, Churchill Livingstone, 1991) ; C. & F. Coudé, *L'anglais médical* (Flammarion, 1982) ; M. Mandelbrojt-Sweeney, *Anglais médical* (Masson, 1992).

On pourra aussi consulter avec profit *L'anglais médical à la Faculté*, de D. Carnet et coll. (Ellipses, 1995), ainsi que *English in Medicine*, de E. Glendinning & B. Holmström (Cambridge University Press, 1987).

MODE D'EMPLOI

L'ouvrage est divisé en deux parties. La première suit les différentes phases de l'accueil du patient à l'hôpital et des premiers soins qu'il y reçoit : formalités administratives, interrogatoire médical, examen général, organisation du séjour hospitalier, constitution du dossier de soins, bilan d'entrée, gestes techniques des infirmières, interventions visant à assurer l'hygiène et le confort du patient. La deuxième partie, plus spécialisée, est consacrée aux diverses orientations pathologiques, qui correspondent le plus souvent aux différents services de l'hôpital.

Pour retrouver rapidement un problème médical ou infirmier, on peut se servir de la table des matières ou de l'index. La façon la plus simple d'utiliser le manuel est alors de suivre les pages traitant du problème auquel on est confronté, et de sélectionner les interventions qu'impose chaque situation particulière.

En adaptant l'utilisation des divers chapitres à leur propre connaissance de l'anglais écrit ou parlé, le médecin et l'infirmière peuvent lire les questions et les explications de leur choix, ou simplement les montrer au patient hospitalisé pour qu'il les lise lui-même. De la même manière, ils peuvent écouter ses questions et ses réponses, ou bien lui demander de les indiquer dans le manuel.

Pour qu'on les retrouve plus facilement, les interventions du personnel soignant sont précédées d'un signe « noir » : ♦ ou • (dans le cas d'une énumération), tandis que les interventions des patients peuvent être repérées grâce à un signe « blanc » : ◊ ou ◦.

Le niveau de connaissances adopté est toujours celui des patients. C'est pourquoi des explications (évidemment superflues pour le personnel hospitalier) ont été ajoutées entre parenthèses après certains termes médicaux. La traduction des explications est donnée dans le texte français, mais il appartiendra au médecin ou à l'infirmière de décider si leur patient a besoin de ces précisions.

On remarquera aussi que, dans le cas de certains mots facilement compréhensibles en français (ex. *œsophage*, *utérus*, *hépatique*, *rénal*...), l'équivalent anglais (*oesophagus*, *uterus*, *hepatic*, *renal*...) appartient à un registre beaucoup plus spécialisé. C'est pourquoi on a préféré un mot courant (*gullet*, *womb*, *liver*, *kidney*...), qui peut être compris de tous les anglophones.

Par souci de simplification et de clarté, la forme du masculin a été systématiquement utilisée. Il suffira, pour un patient du sexe féminin, de remplacer le pronom personnel sujet *he* par *she*, le pronom complément *him* par *her*, l'adjectif possessif *his* par *her*.

Enfin, certaines informations (paiement et remboursement des soins, autorisation d'opérer, dépôt de valeurs, sortie sur décharge, don d'organes, fiche pour les plâtres...) ont été encadrées. Elles pourront être ainsi facilement consultées par les patients anglophones.

REMERCIEMENTS

Les auteurs tiennent à remercier tous ceux qui leur ont apporté leur aide dans la lecture finale du manuel : Claudie Harvey et Christian Ménard, ainsi que Michel Boyer, Althea Chapman, Carolyn Curnuck, Bobbie Harvey, Pierre Peyrasse, Mary-Louise Saywood, Patrick Tresson et les diverses enseignantes, infirmières ou surveillantes qui les ont fait profiter de leurs suggestions.

PREMIÈRE PARTIE

Accueil, examen médical et confort du patient

Accueil et formalités administratives   1

> Les Britanniques n'ont pas l'habitude d'accomplir des formalités administratives dès leur arrivée à l'hôpital. En outre, leurs frais hospitaliers sont entièrement pris en charge par le *National Health Service* (le « Système National de Santé »). Il leur sera donc difficile de comprendre qu'on puisse alors leur parler de mutuelle ou de remboursement des soins. Pour faciliter leur accueil, il est sans doute souhaitable de leur expliquer cette différence d'organisation (voir pp. 13-14).

1. Présentation et accueil

♦ Bonjour !
⇒ *Good morning! / Good afternoon! / Good evening!*
[le matin / l'après-midi / le soir]

♦ Je m'appelle… et je suis… ⇒ *My name is… and I am…*
- secrétaire médicale. ⇒ *the doctor's secretary.*
- secrétaire d'accueil. ⇒ *the receptionist.*
- surveillante de garde. ⇒ *the duty nurse.*
- la surveillante-chef. ⇒ *the ward sister.*
- infirmière. ⇒ *a nurse.*

♦ Je m'occupe de vous dans un instant.
⇒ *I'll be with you in just a minute.*

♦ Je ne comprends pas très bien l'anglais. Je vais donc me servir de ce manuel pour vous donner des informations et vous poser un certain nombre de questions. Vous voudrez bien m'indiquer, en les montrant du doigt, les réponses qui conviennent.

⇒ *As I don't understand English very well, I'm going to use this book to give you some information and ask you a number of questions. Could you please point to the appropriate answers in the book?*

♦ Je comprends (un peu) l'anglais, mais à condition que vous parliez très lentement.
⇒ *I can understand (some) English, but you'll have to speak very slowly.*

♦ Vous allez m'expliquer ce qui vous amène, puis je vous demanderai de retourner dans la salle d'attente et je vous appellerai dès que le médecin pourra vous voir.
⇒ *I'd like you to explain what brings you here, and then I'll ask you to go back to the waiting room. I'll call you as soon as the doctor is ready to see you.*

2. EXPLIQUER ET RASSURER

♦ Ne vous en faites pas, nous allons faire le nécessaire pour… ⇒ *Don't worry, we'll do whatever we can to…*

• trouver ce que vous avez.	⇒ *find out what's wrong with you.*
• vous soigner.	⇒ *look after you.*
• calmer votre douleur.	⇒ *ease the pain.*
• prévenir votre famille.	⇒ *let your family know.*

♦ Nous allons nous occuper de… ⇒ *We'll take good care of…*

• votre enfant.	⇒ *your son / daughter.*
• votre femme.	⇒ *your wife.*
• votre mari.	⇒ *your husband.*
• votre mère.	⇒ *your mother.*
• votre père.	⇒ *your father.*
• votre ami.	⇒ *your friend.*

Accueil et formalités administratives

♦ Ne vous inquiétez pas, tout va bien se passer.
⇒ *Don't worry, it's going to be all right.*

♦ Le médecin est prévenu. Il va arriver d'un instant à l'autre. / Le voici.
⇒ *The doctor has been informed that you're here. He'll be with you in a minute. / Here he is.*

♦ Le médecin va vous examiner tout de suite.
⇒ *The doctor is going to look at you right away.*

3. PREMIER CONTACT AVEC LE PERSONNEL MÉDICAL

♦ Qu'est-ce qui ne va pas ?
⇒ *What seems to be the matter?*

♦ Pouvez-vous m'indiquer du doigt l'endroit où vous avez mal ?
⇒ *Could you point to where it hurts?*

♦ Nous allons vous donner des médicaments / un calmant.
⇒ *We're going to give you some tablets / a tranquillizer.*

♦ Nous allons vous faire une piqûre pour vous soulager.
⇒ *We're going to give you an injection to relieve the pain.*

♦ N'ayez pas peur, cela ne va pas vous faire mal.
⇒ *Don't be afraid, it won't hurt.*

◊ *Is it serious?*
⇒ Est-ce grave ?

- Détendez-vous, ce n'est pas (si) grave.   ⇒ *Try to relax, it's not (that) serious.*

♦ Il faut vous hospitaliser (pour la nuit).
⇒ *You'll need to be kept in (overnight).*

◊ *I don't want to stay in hospital.*
⇒ Je ne veux pas rester à l'hôpital.

♦ Nous ne pouvons pas vous laisser partir dans cet état. Dans votre intérêt, vous devez patienter un peu.
⇒ *We can't let you go in such a condition. You'll be better off staying here for a while.*

♦ C'est plutôt sérieux. Il faut / Il faudra peut-être vous opérer.
⇒ *It's not too good – I'm afraid you'll need / you may need an operation.*

♦ L'opération n'est pas urgente. / Il n'est pas nécessaire que vous restiez maintenant à l'hôpital. Je vais vous donner / L'infirmière va vous donner un rendez-vous.
⇒ *You don't need to be operated on urgently. / You don't need to be kept in. I'm going to / The nurse is going to make you an appointment.*

4. *ÉTAT CIVIL DU PATIENT*

♦ J'ai besoin de vous demander quelques renseignements afin de remplir un formulaire d'admission / de consultation.
⇒ *I need some information to help me fill out this form before you can be admitted / before you can see a specialist.*

♦ Le système français de prise en charge des soins médicaux est sans doute différent de celui de votre pays. Nous avons donc besoin de renseignements précis sur votre état civil, ainsi que sur la façon dont vos frais médicaux vont être pris en charge.
⇒ *The way medical treatment is paid for in France is probably different from the way it works in your country. We therefore need to ask some questions about yourself and about the way your medical expenses will be paid for.*

- Pouvez-vous me donner votre nom et votre prénom ?
⇒ *Could you give me your surname and first name?*

- Comment l'épelez-vous ?
⇒ *How do you spell that?*

- Pouvez-vous l'écrire ici ?
⇒ *Could you write it down here?*

- Quel est votre nom de jeune fille ?
⇒ *What is your maiden name?*

- Quels sont votre date et votre lieu de naissance ?
⇒ *Could you give me your date and place of birth?*

- Pouvez-vous me dire où vous résidez actuellement ?
⇒ *Could you tell me where you are staying at the moment?*

  - *With friends.* ⇒ Chez des amis.
  - *At a hotel.* ⇒ À l'hôtel.
  - *At a camp site.* ⇒ Dans un camping.
  - *In rented accommodation.* ⇒ Dans une maison de location.

- Avez-vous une adresse et un numéro de téléphone en France ?
⇒ *Do you have an address and phone number in France?*

- Quelle est votre adresse permanente à l'étranger ?
⇒ *Could you give me your home address?*

- Avez-vous actuellement une activité professionnelle ?
⇒ *Do you have a job at the moment?*

- Quelle est votre profession ?
⇒ *What is your occupation?*

- *Executive.* ⇒ Cadre.
- *Professional.* ⇒ Profession libérale.
- *Civil servant.* ⇒ Fonctionnaire.
- *Teacher.* ⇒ Enseignant.
- *Office worker.* ⇒ Employé de bureau.
- *Manual worker.* ⇒ Ouvrier.
- *Jobless.* ⇒ Demandeur d'emploi.
- *Student.* ⇒ Étudiant.
- *Senior citizen.* ⇒ Retraité.

♦ Quelle est votre situation de famille ?
⇒ *What is your marital status?*

- *Married.* ⇒ Marié.
- *Single.* ⇒ Célibataire.
- *Living together as man and wife.* ⇒ En concubinage.
- *Divorced.* ⇒ Divorcé(e).
- *Separated.* ⇒ Séparé(e).
- *Widow / Widower.* ⇒ Veuf / Veuve.

♦ Pouvez-vous me montrer une pièce d'identité (un passeport ou un permis de conduire) ?
⇒ *Could you show me some proof of identity (your passport or driving licence)?*

- *I don't have any ID (= identification) on me.* ⇒ Je n'ai pas de papiers sur moi.

♦ Pouvez-vous prendre contact avec quelqu'un pour nous faire parvenir le plus vite possible une pièce d'identité ?
⇒ *Could you get on to somebody and have some ID brought here as soon as possible?*

♦ J'ai besoin de renseignements concernant votre assurance maladie.
⇒ *I need to know about your health insurance.*

5. ASSURANCE MALADIE DU PATIENT

> **Rappel, à l'intention des ressortissants britanniques, de la réglementation concernant le paiement des soins et leur remboursement**
>
> ◆ **1. Régimes d'assurance**
>
> - Si vous travaillez en France, vous êtes normalement assujetti à la législation française sur la Sécurité sociale et vous bénéficiez des mêmes prestations que les Français. Vous avez donc une carte et un numéro de Sécurité sociale.
>
> - Si votre employeur est britannique et vous a envoyé en France il y a moins de 12 mois, vous êtes en principe toujours assuré à la Caisse nationale d'assurances du Royaume-Uni. Le formulaire E111 vous permet alors de recevoir en France des soins médicaux dans le cadre de la réglementation européenne.
>
> - Si vous êtes étudiant dans le cadre d'un programme d'échanges, vos soins médicaux sont sans doute pris en charge par les services responsables de l'échange. Pour cela, le formulaire E111 vous est nécessaire.
>
> - Si vous êtes venu passer des vacances en France ou si vous y faites un bref séjour, vous devez posséder le formulaire E111 et vous avez sans doute pris en plus une assurance médicale privée couvrant la totalité des frais de soins d'urgence à l'étranger.
>
> **2. Paiement des frais hospitaliers**
>
> - Si vous êtes en consultation externe, vous devez payer les soins et demander ensuite leur remboursement à la Caisse Primaire d'Assurance Maladie, dont l'adresse peut vous être donnée par l'hôpital. Il faudra alors lui transmettre la feuille de soins et le formulaire E111. Vous recevrez le remboursement à votre adresse personnelle. Avant de vous envoyer le mandat postal, la Caisse vous fera parvenir un relevé précisant le montant du remboursement. Elle vous remboursera environ 75 % des honoraires médicaux et environ 70 % de la plupart des médicaments qui vous auront été prescrits.
>
> - Si vous avez besoin d'être hospitalisé pour être soigné, le médecin vous délivrera une attestation. L'hôpital enverra en principe à la Caisse Primaire d'Assurance Maladie un « avis d'admission – prise en charge », en y joignant votre formulaire E111. Sinon, vous devrez l'envoyer vous-même (voir pour cela les précisions données dans le paragraphe précédent).

- La Caisse d'Assurance Maladie paiera directement sa part (80 % ou plus) à l'hôpital. Il vous faudra payer le reste. En outre, vous devrez sans doute régler le forfait hospitalier couvrant le coût des repas et du logement.

⇒ 1. Insurance schemes

- If you work in France, you are normally subject to French Social Security legislation and you will have the same benefits as French nationals. You must have a Social Security card and number.

- If you have been sent to France for a period of less than 12 months by your employer in the United Kingdom, you should normally have remained insured under the United Kingdom national insurance scheme. You need form E111 to enable you to receive medical treatment in France under EC arrangements.

- If you are a student on an exchange scheme you are probably covered for health care by the exchange authorities, but form E111 is required.

- If you have come to France on holiday or for a short stay you should have an E111 form. You may also have taken out private medical insurance covering the full cost of emergency treatment abroad.

2. Paying for hospital expenses

- You must pay for out-patient treatment and then claim a refund from the local sickness insurance office ("Caisse Primaire d'Assurance Maladie"). The hospital can give you their address. You will need to enclose a statement of treatment given ("feuille de soins") and form E111. The refund will be sent on to your home address, but before sending the money order the office will send you a statement itemising the amount to be refunded. You will receive about 75% of the medical fees and about 70% of the cost of most prescribed medicines.

- If you need in-patient hospital treatment the doctor will issue you with a certificate ("Attestation"). The hospital will probably send the "notice of admission - acceptance of responsibility" form ("Avis d'admission – prise en charge") to the local sickness insurance office with your form E111 attached. If not you will have to send it yourself (see previous paragraph for details).

- The sickness insurance office will pay its share (80% or more) direct to the hospital. You will have to pay the balance. You may also have to pay the fixed daily hospital charge ("forfait hospitalier") to cover food and accommodation.

Accueil et formalités administratives

♦ Pouvez-vous me remettre votre carte de Sécurité sociale / votre formulaire E111 ?

⇒ *Could you give me your French social security card / your E111 form, please?*

♦ Pouvez-vous me dire si une assurance complémentaire prend en charge le remboursement de vos soins pendant votre séjour en France ? Si oui, pouvez-vous me donner le nom et l'adresse de votre organisme d'assurance ?

⇒ *Could you tell me if you have taken out private health insurance for your stay in France and, if so, the name and address of your insurance company?*

- *I have a health insurance policy. Here is the name and address of my insurance company.* ⇒ J'ai une assurance maladie. Voici le nom et l'adresse de mon assureur.
- *I've also got an international insurance policy.* ⇒ En plus, j'ai un contrat d'assistance international.
- *I don't have any insurance documents on me.* ⇒ Je n'ai aucun papier d'assurance sur moi.

♦ Vos frais médicaux à l'étranger sont-ils pris en charge complètement ou seulement en partie par cet organisme d'assurance ? Dans quelle proportion ?

⇒ *Does your insurance policy provide full or only partial cover for medical treatment abroad? What is the percentage covered?*

♦ Puisque vous n'avez pas votre formulaire E111 / le nom et l'adresse de votre compagnie d'assurance, pouvez-vous téléphoner à quelqu'un chez vous pour lui demander de vous l'envoyer / les envoyer au plus tôt ? Voici l'adresse de l'hôpital : ...

⇒ *As you don't have an E111 / the name and address of your insurance company, could you ring somebody at home and ask them to send you it / them as soon as possible? Here is the address of the hospital: ...*

♦ Puisque c'est urgent, quelqu'un pourrait-il nous envoyer ces documents par télécopie au numéro suivant ?
⇒ *As it's urgent, could you get somebody to fax us the documents? The number is ...*

♦ Pour téléphoner à l'étranger (en Grande-Bretagne / en Allemagne / aux Pays-Bas / au Danemark / en Suède / en Norvège…), il vous faut aller dans le hall principal. Vous y trouverez des téléphones à pièces ou à carte.
⇒ *In order to call abroad (Britain / Germany / the Netherlands / Denmark / Sweden / Norway…), you'll need to go to the main entrance. You'll find several payphones there – you can use coins or a phonecard.*

♦ Vous pouvez acheter une carte de téléphone chez le marchand de journaux.
⇒ *You can buy a phonecard from the newsagent's.*

♦ Pour téléphoner en Grande-Bretagne, introduisez d'abord les pièces ou la carte, faites le 19, attendez la tonalité, faites ensuite le 44, l'indicatif de zone (en omettant le zéro initial) et enfin le numéro.
⇒ *In order to phone Britain, insert the coins or card first, dial 19, wait for the dialling tone, then dial 44, the area code (leaving out the first 0) and the number.*

♦ Si vous ne pouvez joindre personne au téléphone, quand et comment pourrez-vous nous faire savoir le nom et l'adresse de votre organisme d'assurance ?
⇒ *If you can't get through to anybody, when and how can you tell us the name and address of your insurance company?*

6. AUTORISATION D'OPÉRER, PERSONNE À PRÉVENIR EN CAS DE BESOIN ET DÉPÔT DE VALEURS

♦ Vous allez bientôt être opéré ; mais pour cela, il nous faut d'abord avoir votre consentement écrit.
⇒ *You're going to have your operation soon, but first of all, we need to have your written consent.*

♦ Votre fils / Votre fille va bientôt être opéré(e). Mais puisqu'il est mineur, il faut d'abord avoir le consentement écrit d'un des deux parents ou du tuteur.
⇒ *Your son / Your daughter is going to have an operation soon, but first we need to have the written consent of a parent or guardian, as he is under age.*

♦ Pouvez-vous signer cette autorisation d'opérer ?
⇒ *Would you mind signing this consent form, please?*

Exemple de formulaire à faire signer

♦ **Autorisation d'opérer [un enfant]**

Je soussigné(e) ..., [tuteur / tutrice légal(e) de l'enfant ...,] autorise le chirurgien et l'anesthésiste de l'hôpital ... à pratiquer sur ma [sa] personne toute intervention chirurgicale sous anesthésie qui pourrait être nécessaire à ma [sa] santé.

⇒ **Consent form to operate [on a child]**

I, the undersigned ..., [being the lawful guardian of ...,] hereby authorise the surgeon and anaesthetist of ... Hospital to perform under anaesthetic any operation which may be required by my [his / her] state of health.

♦ Pouvez-vous me donner le nom et l'adresse de la personne / des personnes à prévenir en cas de problème ?
⇒ *Could you tell me the name and address of your next of kin, please?*

◊ *Here is the name and address of...* ⇒ Voici le nom et l'adresse de…

- ○ *my husband / wife.* ⇒ mon mari / ma femme.
- ○ *my father / mother.* ⇒ mon père / ma mère.
- ○ *my brother / sister.* ⇒ mon frère / ma sœur.
- ○ *a relative / friend.* ⇒ un parent / un ami.

♦ Êtes-vous suivi par un médecin de famille en France / dans votre pays d'origine ?

⇒ *Are you registered with a GP in France / in your own country?*

♦ Pouvez-vous me donner / écrire son nom ? Connaissez-vous son adresse ?

⇒ *Could you give me / write down his name, please? Do you know his address?*

♦ Vous allez devoir rester quelque temps à l'hôpital. Pour vous éviter tout souci et tout risque de vol, nous vous demandons de bien vouloir déposer dans le coffre de l'hôpital votre argent, vos bijoux et vos objets de valeur.

⇒ *You will have to stay here for a while. To save you any worries and avoid the risk of theft, would you mind depositing your money, jewellery and other valuables in our safe?*

♦ Nous allons remplir un formulaire dressant la liste des bijoux ou des objets de valeur que vous déposez dans le coffre, en précisant aussi la somme d'argent que vous laissez.

⇒ *We're going to fill in a form listing the jewellery and other valuables deposited in the safe and the amount of money left in our care.*

A (man's / lady's) watch.	⇒ Une montre (d'homme
○ *Make: …*	/ de femme). Marque : …

Accueil et formalités administratives

- *A yellow metal / silver-coloured ring with a (red / blue / purple / green / yellow / black / transparent) gem.* ⇒ Une bague en métal jaune / en métal blanc, avec une pierre (rouge / bleue / violette / verte / jaune / noire / transparente).
- *A wedding ring.* ⇒ Une alliance.
- *A signet ring (with initials).* ⇒ Une chevalière (avec des initiales).
- *A necklace.* ⇒ Un collier.
- *A string of pearls / of coloured gems.* ⇒ Un collier de perles blanches / de pierres de couleur.
- *A pair of earrings.* ⇒ Une paire de boucles d'oreille.
- *A bracelet.* ⇒ Un bracelet.
- *A bunch of keys.* ⇒ Un trousseau de clefs.
- *A Visa card / A credit card.* ⇒ Une carte bleue / Une carte de crédit.
- *A cheque book.* ⇒ Un chéquier.
- *Traveller's cheques.* ⇒ Des chèques de voyage.
- *A sum of money amounting to* ⇒ Une somme d'argent d'un montant de
  - *... French francs.* ... francs français.
  - *... pounds.* ... livres sterling.
  - *... US dollars.* ... dollars américains.
  - *... Deutsche marks.* ... deutsche marks.
  - *... Austrian schillings.* ... schillings autrichiens.
  - *... Dutch florins.* ... florins néerlandais.
  - *... Swedish crowns.* ... couronnes suédoises.
  - *... Danish crowns.* ... couronnes danoises.
  - *... Norwegian crowns.* ... couronnes norvégiennes.

7. Sortie de l'hôpital

A. Sortie normale

♦ Vous allez pouvoir quitter l'hôpital... ⇒ *You're going to be discharged...*
- aujourd'hui / demain. ⇒ *today / tomorrow.*
- dans ... jours. ⇒ *in ... days' time.*

♦ Avant de partir vous devez vous rendre au service des entrées pour y accomplir les formalités nécessaires.
⇒ *Before leaving, you must go to the reception desk to complete the necessary forms.*

♦ Voici les documents pour votre sortie :
⇒ *Here are the documents you'll need in order to be discharged:*
- l'ordonnance du médecin. ⇒ *the doctor's prescription.*
- le rendez-vous pour la consultation. ⇒ *your appointment card.*
- vos radiographies. ⇒ *your X-rays.*
- le compte rendu d'hospitalisation. ⇒ *your hospital report.*
- le compte rendu d'opération ⇒ *your surgery report.*
- la facture des soins. ⇒ *the bill for medical care.*

♦ Vous pouvez rentrer chez vous, mais il vous faudra rester au lit.
⇒ *You can go home now, but you'll have to stay in bed.*

♦ Vous pouvez partir maintenant. Je vais / Le médecin va vous faire une ordonnance.
⇒ *You can leave now. I'm going to / The doctor is going to write you out a prescription.*

- Il faudra que vous preniez ce médicament.
⇒ *You must take this medicine.*

- Vous prendrez… ⇒ *Take…*
  - deux comprimés… ⇒ *two tablets…*
  - deux pilules… ⇒ *two pills…*
  - deux gélules… ⇒ *two capsules…*

  - une fois par jour… ⇒ *once a day…*
  - deux fois par jour… ⇒ *twice a day…*
  - trois fois par jour… ⇒ *three times a day…*

  - avant les repas. ⇒ *before meals.*
  - pendant les repas. ⇒ *with meals.*
  - avant de vous coucher. ⇒ *before going to bed.*
  - au réveil. ⇒ *when you wake up.*

- Prenez-le dans de l'eau / avec un peu d'eau.
⇒ *Dissolve it in water. / Take it with some water.*

- Mettez … gouttes dans un peu d'eau / dans chaque narine.
⇒ *Put … drops in some water / in each nostril.*

- Vous appliquerez cette pommade tous les jours.
⇒ *Apply this ointment every day.*

- Ce médicament devrait vous soulager.
⇒ *This medicine should make you feel better.*

- Ne prenez ce médicament que si vous avez mal.
⇒ *Only take this medicine if you are in pain.*

- Si les symptômes persistent, consultez votre médecin traitant.
⇒ *Make sure you see your doctor if the symptoms persist.*

♦ Vous devrez revenir dans … semaines.
⇒ *You'll need to come back in … weeks' time.*

♦ Dois-je appeler une ambulance pour votre retour à domicile ?
⇒ *Shall I call for an ambulance to take you home?*

- *Yes, please.* ⇒ Oui, s'il vous plaît.
- *No thanks, somebody is coming to fetch me.* ⇒ Non, on va venir me chercher.

B. SORTIE SUR DÉCHARGE

♦ Le médecin n'est pas d'accord pour que vous partiez car votre état de santé n'est pas encore assez satisfaisant. Si vous tenez absolument à sortir, il faut que vous signiez une décharge.

⇒ *The doctor doesn't think you're well enough to leave yet. If you insist on going, you will need to sign a statement saying that you have discharged yourself.*

Exemple de formulaire à signer

♦ Je soussigné(e) … déclare sortir de l'hôpital … contre avis médical, le … à … heures, en ayant pris connaissance de mon état de santé.

Signature.

⇒ *I, the undersigned …, declare that I am leaving … Hospital against the doctor's advice, on … at … o'clock, having been notified of my condition.*

Signature.

C. RAPATRIEMENT SANITAIRE

◊ *I want to go home / to go back to my home country as soon as I'm well enough.*
⇒ Je veux rentrer chez moi / être rapatrié chez moi dès que mon état le permettra.

♦ Votre état est assez satisfaisant pour permettre de vous rapatrier chez vous. Nous allons donc organiser ce rapatriement avec votre assurance.
⇒ *You're well enough to go home now. We're going to arrange the journey back with your insurance.*

♦ Vous serez rapatrié demain / dans ... jours / la semaine prochaine, d'abord par hélicoptère / par ambulance jusqu'à l'aéroport le plus proche, puis par avion jusque dans votre pays.
⇒ *You will be sent home tomorrow / in ... days' time / next week, first by helicopter / by ambulance to the nearest airport, then by plane to your own country.*

♦ Vous allez être pris en charge par une équipe médicale qui vous accompagnera jusqu'à l'hôpital le plus proche de chez vous.
⇒ *A medical team will take care of you and stay with you until you get to your local hospital.*

8. Décès

A. Annonce de l'imminence d'un décès

- ♦ Je dois vous informer que… ⇒ *I'm afraid that…*
  - nous jugeons votre état de santé préoccupant. ⇒ *we are concerned about your condition.*
  - nous jugeons l'état de santé de votre parent / de votre ami préoccupant. ⇒ *we are concerned about your relative's / your friend's condition.*

◊ *What do you mean?*
⇒ Que voulez-vous dire ?
  - Il est dans le coma. ⇒ *He has gone into a coma.*
  - Il est dans un état critique. ⇒ *He is dangerously ill.*
  - Son état a empiré et ne laisse guère d'espoir. ⇒ *His condition has taken a turn for the worse, and leaves little room for hope.*
  - Malheureusement, nous craignons le pire. ⇒ *I'm sorry to say we fear the worst.*

◊ *How much longer do you think he's got to live?*
⇒ Combien de temps pensez-vous qu'il lui reste à vivre ?
  - Quelques heures. ⇒ *A few hours.*
  - Quelques jours. ⇒ *A few days.*
  - Quelques semaines. ⇒ *A few weeks.*
  - Quelques mois. ⇒ *A few months.*
  - Nous ne pouvons pas / Le médecin ne peut pas se prononcer pour l'instant. ⇒ *We / The doctor cannot say for the moment.*

◊ *Can I go and see him before it's too late?*
⇒ Puis-je encore le voir avant qu'il ne soit trop tard ?

◊ *Is he aware of this?*
⇒ Est-il au courant ?

- Oui, nous l'en avons informé. ⇒ *Yes, we've told him.*
- Non, nous préférions vous en parler d'abord. ⇒ *No, we preferred to speak to you about it first.*

◊ *Can I stay with him?*
⇒ Puis-je rester avec lui ?

- Oui, autant que vous le voudrez. ⇒ *Yes, as long as you like.*
- Malheureusement non, mais vous pouvez téléphoner à ce numéro, le jour comme la nuit, pour avoir de ses nouvelles. ⇒ *I'm afraid not. But you can dial this number at any time of the day or night to find out how he's getting on.*
- Il vaudrait mieux rentrer chez vous. Nous vous tiendrons au courant s'il se produit un changement dans son état / si son état s'améliore ou se dégrade de façon significative. ⇒ *It's best if you go home now. We'll let you know if there's any change in his condition / if his condition gets noticeably better or worse.*

B. Annonce d'un décès

♦ Je suis vraiment navré(e) de vous annoncer que votre parent / votre ami est décédé dans la nuit / ce matin / cet après-midi / ce soir.
⇒ *It's my sad duty to inform you that your relative / your friend passed away during the night / this morning / this afternoon / this evening.*

♦ Il est mort à ... heures.
⇒ *He died at ... o'clock.*

♦ Quand il est arrivé dans notre hôpital / au service des urgences / au service de réanimation...

⇒ *When he got to hospital / the casualty ward / intensive care...*

- il était déjà décédé. ⇒ *he was already dead.*
- son état était désespéré ; et malgré tous les soins que nous lui avons prodigués, nous n'avons pu le sauver. ⇒ *he was in a critical condition, and in spite of all our efforts we were unable to save him.*
- Son état s'est brusquement aggravé et il est mort pendant que nous tentions de vous prévenir. ⇒ *His condition suddenly took a turn for the worse, and he died while we were trying to get in touch with you.*

♦ Voulez-vous boire quelque chose ?
⇒ *Would you like something to drink?*

♦ Voulez-vous vous asseoir ?
⇒ *Would you like to sit down?*

♦ Pouvons-nous faire quelque chose pour vous aider ?
⇒ *Can we help in any way?*

♦ Pouvons-nous prévenir quelqu'un d'autre ?
⇒ *Can we get in touch with anybody?*

♦ Nous allons vous accompagner au service des entrées / Voudriez-vous avoir l'obligeance de vous rendre au service des entrées pour accomplir les formalités administratives ?
⇒ *We'll take you to the reception desk / Would you mind going to the reception desk to make the necessary arrangements?*

♦ Il faut vous rendre à la morgue pour identifier le corps. Nous savons que cela va être un moment pénible, mais c'est malheureusement indispensable.

⇒ *You will need to go to the mortuary in order to identify the body. We know this is not very pleasant, but unfortunately it's necessary.*

♦ Si vous voulez voir le corps, il restera dans la chambre jusqu'à ... heures ; ensuite, vous pourrez le voir à la morgue.
⇒ *If you want to see him / her, he / she will be kept here till ... o'clock. After that, you can see him / her at the mortuary.*

♦ Nous avons retiré à votre parent / à votre ami ses effets et objets personnels. Pour les récupérer vous devez remplir ce formulaire / ce registre.
⇒ *We have taken your relative's / your friend's personal belongings. If you wouldn't mind filling in this form / this register, we'll let you have them.*

> Pour la liste de ces objets, voir p. 19.

C. DON D'ORGANES

♦ Nous devons vous demander quelque chose de particulièrement délicat dans ces tristes circonstances.
⇒ *We are going to ask you to make a difficult decision, given the circumstances.*

♦ Accepteriez-vous de faire don à la médecine de certains organes de votre parent / de votre ami ? Ce ne sera évidemment pas une consolation pour vous, mais cela lui permettrait au moins d'aider d'autres personnes.
⇒ *Would you be prepared to donate some of your relative's / friend's organs? We realise it won't make things any easier for you, but at least it would enable him to help other people.*

♦ Si vous acceptez de le faire, vous devrez alors remplir et signer ce formulaire.
⇒ *If you're prepared to do this, could you fill in the form and sign it?*

D. RAPATRIEMENT D'UN CORPS À L'ÉTRANGER

♦ Le corps de votre parent / de votre ami doit être rapatrié en cercueil plombé.
⇒ *Your parent's / Your friend's body will have to be sent home in a sealed coffin.*

♦ Pour cela, vous devez accomplir un certain nombre de formalités auprès de la mairie, de l'administration et des pompes funèbres.
⇒ *Before we can do this, you'll need to make the necessary arrangements with the town council, authorities and funeral parlour.*

♦ Je vais vous accompagner au bureau des entrées pour vous aider à effectuer ces formalités.
⇒ *I'll now take you to the reception desk to help you with the paperwork.*

Interrogatoire médical   2

1. Présentation

♦ Bonjour ! Je m'appelle ... et je suis...
⇒ *Good morning! / Good afternoon! / Good evening! My name is ... and I am...*

- chirurgien. ⇒ *a surgeon.*
- le chef de service. ⇒ *the consultant.*
- le médecin de garde. ⇒ *the duty doctor.*
- médecin. ⇒ *a doctor.*
- interne. ⇒ *a houseman.*
- la surveillante de garde. ⇒ *the duty nurse.*
- l'infirmière en chef. ⇒ *the ward sister.*
- infirmière / infirmier. ⇒ *a nurse.*
- aide soignante. ⇒ *an auxiliary nurse.*

♦ Je comprends (un peu) l'anglais, mais à condition que vous parliez très lentement.
⇒ *I can understand (some) English, but you'll have to speak very slowly.*

♦ Je ne comprends pas très bien l'anglais. Je vais donc me servir de ce manuel pour vous poser un certain nombre de questions ; et vous voudrez bien m'indiquer, en les montrant du doigt, les réponses qui conviennent.
⇒ *As I don't understand English very well, I'm going to use this book to ask you a number of questions. Could you point to the appropriate answers?*

2. Questionnaire général

♦ Pouvez-vous me dire ce qui vous amène ?
⇒ *Could you tell me what brings you here?*

♦ Pouvez-vous montrer du doigt, dans la liste suivante, le problème qui est le vôtre ou l'endroit où vous avez mal ?
⇒ *Could you point to the appropriate expression in the following list to describe your complaint, or where it hurts?*

- *I had a fall.* ⇒ J'ai fait une chute.
- *I suddenly felt faint.* ⇒ J'ai eu un léger malaise.
- *I had a blackout.* ⇒ J'ai eu un étourdissement.
- *I fainted.* ⇒ J'ai perdu connaissance.
- *I keep getting dizzy spells.* ⇒ J'ai fréquemment des vertiges.
- *I'm having trouble breathing.* ⇒ J'ai du mal à respirer.
- *I have a temperature.* ⇒ J'ai de la fièvre.
- *I keep feeling thirsty, but I'm sick as soon as I drink.* ⇒ J'ai très soif, mais je suis pris de vomissements dès que je bois.
- *I've had diarrhoea for several days.* ⇒ Depuis plusieurs jours j'ai la diarrhée.
- *It hurts when I pass water.* ⇒ J'ai mal lorsque j'urine.
- *My head aches.* ⇒ J'ai mal à la tête.
- *I've got toothache.* ⇒ J'ai mal aux dents.
- *I've got earache.* ⇒ J'ai mal aux oreilles.
- *My eyes hurt.* ⇒ J'ai mal aux yeux.
- *I have a sore throat.* ⇒ J'ai mal à la gorge.
- *I've been getting chest pains.* ⇒ J'ai des douleurs dans la poitrine.
- *My back hurts.* ⇒ J'ai des douleurs dans le dos.
- *I've got a pain in my side.* ⇒ J'ai une douleur au côté.

◦ *I feel sick.*	⇒ J'ai la nausée.
◦ *I've got stomach pains.*	⇒ J'ai des maux d'estomac.
◦ *I'm having trouble with my bowels.*	⇒ J'ai des problèmes intestinaux.
◦ *I've got pains in my belly.*	⇒ J'ai mal au ventre.
◦ *My arm hurts.*	⇒ J'ai mal au bras.
◦ *My wrist is sore.*	⇒ J'ai mal au poignet.
◦ *I've got a sore finger.*	⇒ J'ai mal au doigt.
◦ *I've got a pain in my leg / in my thigh / in my ankle.*	⇒ J'ai une douleur dans la jambe / à la cuisse / à la cheville.
◦ *My knee hurts.*	⇒ J'ai mal au genou.
◦ *I'm aching all over.*	⇒ Tous les membres me font mal.
◦ *It feels like rheumatism.*	⇒ J'ai des douleurs rhumatismales.

3. ANTÉCÉDENTS FAMILIAUX

♦ Vos parents sont-ils en vie ?
⇒ *Are your parents still alive?*

♦ Avez-vous des frères et sœurs ?
⇒ *Do you have any brothers or sisters?*

♦ Sont-ils en vie ? / Sont-ils en bonne santé ?
⇒ *Are they still alive? / Are they in good health?*

♦ Sinon, à quel âge sont-ils décédés ?
⇒ *If not, how old were they when they died?*

♦ Quelle est la cause de leur décès ?
⇒ *What did they die of?*

◦ *An accident.*	⇒ Un accident.
◦ *Cancer.*	⇒ Un cancer.

- *Heart trouble.* ⇒ Un problème cardiaque.
- *An infectious disease.* ⇒ Une maladie infectieuse.
- *Diabetes.* ⇒ Le diabète.

◆ Savez-vous s'ils souffrent / s'ils souffraient d'une maladie héréditaire ?
⇒ *Do you know if they suffer / suffered from any hereditary disease?*

◆ Laquelle ?
⇒ *What is / was it?*

4. Antécédents personnels

◆ Afin de mieux vous soigner, il est nécessaire de vous poser quelques questions sur votre histoire personnelle et sur vos antécédents médicaux.
⇒ *We need to ask a few questions about yourself and your medical history in order to know how best to help you.*

◆ Quel est votre âge ?
⇒ *How old are you?*

◆ Travaillez-vous ?
⇒ *Do you have a job?*

- *Yes, I work full time.* ⇒ Oui, je travaille à temps plein.
- *Yes, I work part time.* ⇒ Oui, mais seulement à mi-temps.
- *No, I stay at home.* ⇒ Non, je reste à la maison.
- *No, I'm retired.* ⇒ Non, je suis à la retraite.
- *No, I'm an invalid.* ⇒ Non, je suis invalide.
- *No, I was pensioned off work.* ⇒ Non, je suis invalide du travail.
- *No, I'm unemployed.* ⇒ Non, je suis à la recherche d'un travail.

◆ Quelle est votre profession ?
⇒ *What is your occupation?*

- *Executive.* ⇒ Cadre.
- *Professional.* ⇒ Profession libérale.
- *Civil servant.* ⇒ Fonctionnaire.
- *Teacher.* ⇒ Enseignant.
- *Office worker.* ⇒ Employé de bureau.
- *Manual worker.* ⇒ Ouvrier.
- *Craftsman.* ⇒ Artisan.
- *Student.* ⇒ Étudiant.

◆ Avez-vous eu toutes les maladies infantiles ?
⇒ *Have you had all the usual childhood diseases?*

- La rougeole ? ⇒ *Measles?*
- La rubéole ? ⇒ *German measles?*
- La varicelle ? ⇒ *Chickenpox?*
- La coqueluche ? ⇒ *Whooping-cough?*

◆ Avez-vous eu depuis des maladies graves ?
⇒ *Have you had any serious illnesses since then?*

- *Yes, TB (= tuberculosis).* ⇒ Oui, la tuberculose.
- *Yes, a heart attack.* ⇒ Oui, un infarctus.
- *Yes, viral hepatitis.* ⇒ Oui, une hépatite virale.
- *Yes, cancer.* ⇒ Oui, un cancer.

◆ Quand ? / Il y a combien d'années ?
⇒ *When? / How many years ago?*

◆ Pouvez-vous écrire la date ?
⇒ *Could you write down when it was?*

◆ Avez-vous déjà eu des problèmes… ⇒ *Have you ever had any…*

- pulmonaires ? ⇒ *lung problems?*
- cardiaques ? ⇒ *heart problems?*

- hépatiques ? ⇒ *liver problems?*
- digestifs ? ⇒ *problems digesting?*
- rénaux ? ⇒ *kidney problems?*
- urinaires ? ⇒ *problems urinating?*
- gynécologiques ? ⇒ *gynaecological problems?*
- psychiatriques ? ⇒ *psychiatric problems?*
- neurologiques ? ⇒ *neurological problems?*
- articulaires ? ⇒ *problems with your joints?*
- dermatologiques ? ⇒ *skin problems?*
- endocrinologiques ? ⇒ *problems with your endocrine glands?*

♦ Êtes-vous hémophile ?
⇒ *Are you a haemophiliac?*

♦ Avez-vous du diabète ?
⇒ *Do you suffer from diabetes?*

♦ Avez-vous de l'asthme ?
⇒ *Do you suffer from asthma?*

♦ Avez-vous déjà souffert / Souffrez-vous d'hypertension artérielle ?
⇒ *Do you have / Have you ever had high blood pressure?*

♦ Avez-vous déjà été hospitalisé ?
⇒ *Have you ever been in hospital before?*

♦ Quand et pour quoi ?
⇒ *When, and what for?*

♦ Avez-vous été opéré ? De quoi ?
⇒ *Have you ever been operated on? What was wrong with you?*

  ○ *Yes, I had my tonsils out.* ⇒ Oui, je me suis fait enlever les amygdales.

- *Yes, I had adenoids.* ⇒ Oui, des végétations.
- *Yes, I had appendicitis.* ⇒ Oui, de l'appendicite.
- *Yes, I had a hernia.* ⇒ Oui, pour une hernie.
- *Yes, I had piles.* ⇒ Oui, pour des hémorroïdes.
- *Yes, my gall bladder.* ⇒ Oui, de la vésicule biliaire.
- *Yes, my stomach.* ⇒ Oui, à l'estomac.
- *Yes, I had a hip replacement.* ⇒ Oui, j'ai eu une prothèse de la hanche.
- *Yes, they removed a cyst from...* ⇒ Oui, j'ai été opéré d'un kyste au...
- *Yes, I had a tumour removed.* ⇒ Oui, d'une tumeur.

♦ Pouvez-vous écrire la date de votre opération ?
⇒ *Could you write down when you had the operation?*

♦ Pouvez-vous me montrer la cicatrice de votre opération ?
⇒ *Could you show me your surgery scar?*

♦ Est-ce que vous avez déjà eu un accident ?
⇒ *Have you ever been involved in an accident?*

- *No, not that I can remember.* ⇒ Non, pas que je m'en souvienne.
- *Yes, a car / motorbike / bicycle / skiing accident.* ⇒ Oui, un accident de voiture / de moto / de bicyclette / de ski.
- *Yes, I fell off a horse once.* ⇒ Oui, j'ai fait une chute de cheval.

♦ Êtes-vous allé à l'étranger, notamment en Afrique, en Asie ou en Amérique du Sud ?
⇒ *Have you ever been abroad, particularly to Africa, Asia or South America?*

♦ Où et quand ?
⇒ *Where and when?*

♦ Souffrez-vous de maladies tropicales, notamment du paludisme ?
⇒ *Do you suffer from any tropical diseases, such as malaria?*

♦ Avez-vous d'autres antécédents chirurgicaux ou médicaux à signaler ?
⇒ *Do you have any other past medical or surgical history which should be mentioned?*

♦ Êtes-vous à jour dans vos vaccinations contre...
⇒ *Have you had all the necessary vaccinations for...*

- le tétanos ?   ⇒ *tetanus?*
- la polio ?   ⇒ *polio?*
- la diphtérie ?   ⇒ *diphteria?*
- la typhoïde ?   ⇒ *typhoid?*
- la variole ?   ⇒ *smallpox?*
- l'hépatite virale ? ⇒ *viral hepatitis?*
- la tuberculose (= BCG) ? ⇒ *tuberculosis (= BCG)?*
- la fièvre jaune ?   ⇒ *yellow fever?*
- le choléra ?   ⇒ *cholera?*
- la rage ?   ⇒ *rabies?*

♦ Avez-vous votre carte de groupe sanguin ?
⇒ *Do you have your blood-group card on you?*

5. *Antécédents allergiques*

♦ Vous arrive-t-il d'avoir des crises d'urticaire après avoir mangé certains aliments ?
⇒ *Do you sometimes come out in a rash when you eat certain types of food?*

○ *Yes, when I eat strawberries.*	⇒ Oui, après avoir mangé des fraises.
○ *Yes, when I eat seafood or shellfish.*	⇒ Oui, après avoir mangé des crustacés ou des coquillages.
○ *Yes, when I eat tinned food.*	⇒ Oui, après avoir mangé des conserves.

♦ Êtes-vous allergique à la poussière, au pollen, aux graminées, à la laine, aux poils de chat ou de chien, aux acariens, au latex ?
⇒ *Are you allergic to dust, pollen, grass, wool, cat's or dog's hair, dust mites, or latex?*

♦ Avez-vous déjà eu des réactions d'intolérance à certains remèdes (antibiotiques, pénicilline, produits iodés…) ?
⇒ *Do you have any known allergies to drugs (such as antibiotics, penicillin or products containing iodine)?*

○ *Yes, I came out in spots once / several times after taking antibiotics.*	⇒ Oui, j'ai été une fois / plusieurs fois couvert de boutons après avoir pris des antibiotiques.

♦ Avez-vous une intolérance aux analgésiques ?
⇒ *Are you allergic to painkillers?*

♦ Avez-vous eu des problèmes à la suite d'une anesthésie locale ou générale ?
⇒ *Have you ever had any problems after a local or general anaesthetic?*

6. Problème actuel

♦ Dans quelles circonstances les douleurs sont-elles apparues ?
⇒ *How and when did the pain first come on?*

◆ Le problème dont vous vous plaignez aujourd'hui s'est-il déjà produit ?
⇒ *Have you ever suffered from this complaint before?*

- *No, never.* ⇒ Non, jamais.
- *Yes, but it was a long time ago.* ⇒ Oui, mais il y a longtemps.
- *Yes, quite recently.* ⇒ Oui, tout récemment.
- *Yes, quite often.* ⇒ Oui, assez souvent.
- *Yes, but only occasionally.* ⇒ Oui, mais seulement de temps à autre.

◆ Avez-vous vu alors votre médecin ?
⇒ *Did you go and see your doctor about it?*

◆ Pouvez-vous me donner le nom, l'adresse et le numéro de téléphone de votre médecin ?
⇒ *Could you give me the name, address and telephone number of your GP?*

◆ Vous a-t-il donné un traitement ?
⇒ *Did he give you anything for it?*

- *Yes, tablets / injections.* ⇒ Oui, des comprimés / des piqûres.

◆ Pendant combien de temps avez-vous suivi ce traitement ?
⇒ *How long was this for?*

- *... weeks / months / years.* ⇒ ... semaines / mois / ans.

◆ Suivez-vous encore un traitement ?
⇒ *Are you taking anything for it now?*

◆ Vous rappelez-vous le nom des comprimés / des médicaments ?
⇒ *Can you remember the name of the tablets / the medication?*

♦ Avez-vous sur vous / dans votre valise / à l'hôtel / au camping une boîte des médicaments que vous prenez actuellement ?
⇒ *Do you have any of these tablets with you / in your suitcase / at the hotel / at the camp site?*

- ◦ *Not as far as I know.* ⇒ Pas que je sache.

♦ Savez-vous s'il s'agit... ⇒ *Do you know if they are...*
- d'antibiotiques ? ⇒ *antibiotics?*
- d'anticoagulants ? ⇒ *anticoagulants?*
- d'anti-inflammatoires ? ⇒ *anti-inflammatory medication?*
- d'insuline ? ⇒ *insulin?*
- de diurétiques ? ⇒ *water tablets?*
- d'antihypertenseurs ? ⇒ *blood pressure drugs?*
- d'analgésiques ? ⇒ *painkillers?*

♦ Quelqu'un peut-il aller chercher ces médicaments pour vous ?
⇒ *Can somebody go and fetch them for you?*

- ◦ *Yes, I could ask somebody.* ⇒ Oui, je peux demander à quelqu'un de le faire.
- ◦ *No, I can't think of anybody.* ⇒ Non, je ne vois personne.
- ◦ *No, but I can show you my doctor's prescription.* ⇒ Non, mais je peux vous montrer l'ordonnance de mon médecin.

Examen général 3

1. INSTALLATION DU PATIENT

♦ Je vais vous examiner.
⇒ *I'm just going to examine you.*

♦ Ce n'est pas la peine de vous déshabiller.
⇒ *You don't need to undress.*

♦ Pouvez-vous vous déshabiller en ne gardant que vos sous-vêtements ?
⇒ *Would you mind stripping off down to your underwear?*

♦ Pouvez-vous vous mettre torse nu ?
⇒ *Could you strip to the waist?*

♦ Pouvez-vous enlever votre slip / votre soutien-gorge ?
⇒ *Would you mind taking off your pants / your bra?*

♦ Veuillez vous asseoir bien droit / croiser les jambes / vous lever.
⇒ *Sit up straight / Cross your legs / Stand up, please.*

♦ Veuillez vous lever et vous tenir bien droit.
⇒ *Stand up straight, please.*

♦ Veuillez vous allonger sur le dos / sur le ventre.
⇒ *Lie flat on your back / on your stomach, please.*

♦ Tournez-vous sur le dos / sur le ventre.
⇒ *Turn over onto your back / onto your stomach.*

♦ Pliez les jambes. / Fléchissez les genoux.
⇒ *Bend your legs. / Bring your knees up to your chest.*

2. Description de la douleur

♦ Quand j'appuie ici, cela vous fait-il mal ?
⇒ *Does it hurt when I press here?*

- *No, not at all.* ⇒ Non, pas du tout.
- *Not much.* ⇒ Pas vraiment.
- *Yes, a bit / a lot.* ⇒ Oui, un peu / beaucoup.

♦ La douleur irradie-t-elle… ⇒ *Does the pain spread…*
- vers le haut ? ⇒ *upwards?*
- vers le bas ? ⇒ *downwards?*
- dans le dos ? ⇒ *to your back?*
- dans l'épaule ? ⇒ *to your shoulder?*
- dans (toute) la jambe ? ⇒ *to your (whole) leg?*

♦ Quand je relâche brusquement après avoir appuyé, cela augmente-t-il la douleur ?
⇒ *When I take my finger away quickly, does the pain get worse?*

♦ Depuis quand éprouvez-vous cette sensation ?
⇒ *How long have you been feeling like this?*

- *At least an hour / a few days / a week / a month.* ⇒ Depuis au moins une heure / plusieurs jours / une semaine / un mois.

♦ Pouvez-vous la décrire ?
⇒ *Can you describe how it feels?*

- Est-ce une douleur soutenue, continue ? ⇒ *Is it a steady, nagging pain?*
- Est-ce une douleur fluctuante, intermittente ? ⇒ *Does it ache on and off?*
- Est-ce une douleur aiguë ? ⇒ *Is it a sharp pain?*

- Est-ce une douleur fulgurante, donnant l'impression d'un coup de couteau ? ⇒ *Is it a shooting pain, like being stabbed?*
- Est-ce une douleur lancinante, donnant l'impression de battements répétés ? ⇒ *Is it a throbbing pain, which keeps pulsating?*
- Est-ce une douleur ressemblant à un serrement ? ⇒ *Is it a gripping pain, with a feeling of tightness?*
- Est-ce une douleur qui donne l'impression d'une crampe ? ⇒ *Does it feel like cramp?*
- Est-ce une douleur qui ressemble à une brûlure ? ⇒ *Is it a burning pain?*
- Est-ce une douleur qui ressemble à des piqûres d'aiguille ? ⇒ *Is it like having pins and needles?*
- Ressentez-vous comme un poids ? ⇒ *Does it feel like a lead weight?*
- Est-ce une douleur qui donne l'impression d'être fixe ou de changer de place ? ⇒ *Does the pain seem to stay in the same place or move about?*
- La douleur est-elle progressive ou immédiatement maximale ? ⇒ *Does it come on slowly or suddenly?*
- La douleur disparaît-elle progressivement ou d'un seul coup ? ⇒ *Does the pain let off gradually or all of a sudden?*
- Combien de temps dure habituellement la douleur ? ⇒ *How long does the pain usually last?*

3. Examen de la tête et du cou

- Ouvrez bien les yeux.
⇒ *Open your eyes wide, please.*

- Sont-ils toujours jaunes / injectés de sang ?
⇒ *Are they always yellow / bloodshot?*

- Je vais vous examiner la bouche et la gorge.
⇒ *I'm just going to have a look at your mouth and throat.*

- Ouvrez bien la bouche. Tirez la langue et dites « ah ».
⇒ *Open your mouth wide, please. Stick out your tongue and say "aah".*

- Avez-vous mal à la gorge ?
⇒ *Is your throat sore?*

- Avez-vous de la difficulté à avaler ?
⇒ *Do you have difficulty swallowing?*

- Manger vous fait-il tousser, ou cela provoque-t-il des étouffements ?
⇒ *Does eating make you cough or choke?*

- Quelle sorte d'aliment a du mal à passer ?
⇒ *What sort of food do you have difficulty swallowing?*

  - *Solids.* ⇒ Les aliments solides.
  - *Liquids.* ⇒ Les aliments liquides.

- À quel niveau avez-vous l'impression que les aliments se bloquent ? Montrez-le moi du doigt.
⇒ *Where can you feel the food getting stuck? Can you point to it?*

- Cela vous fait-il mal quand vous avalez quelque chose ?
⇒ *Does it hurt when you swallow?*

- *Yes, my throat hurts.* ⇒ Oui, à la gorge.
- *My ears hurt.* ⇒ Aux oreilles.

♦ Avez-vous souvent des renvois ou le hoquet ?
⇒ *Do you often burp or get the hiccups?*

♦ Vous arrive-t-il d'avoir des régurgitations alimentaires ?
⇒ *Do you sometimes bring up your food?*

♦ Pouvez-vous me montrer vos dents ?
⇒ *Could you show me your teeth?*

♦ Vous pouvez fermer les yeux / la bouche.
⇒ *You can close your eyes / your mouth.*

♦ Penchez la tête en avant / en arrière.
⇒ *Bend your head forwards / backwards.*

♦ Redressez la tête. / Levez la tête.
⇒ *Raise your head. / Hold your head up straight.*

♦ Tournez la tête lentement à droite, à gauche. Cela vous fait-il mal ?
⇒ *Turn your head slowly to the right, and now to the left. Does it hurt?*

♦ Détendez-vous.
⇒ *You can relax now.*

Pour un examen plus approfondi, se reporter aux chapitres de la 2ᵉ partie.

4. *Examen pulmonaire et cardiaque*

♦ Je vais vous ausculter.
⇒ *I'm just going to listen to your chest.*

♦ Veuillez vous asseoir.
⇒ *Please take a seat.*

♦ Respirez normalement / calmement.
⇒ *Breathe normally / slowly.*

♦ Inspirez et expirez à fond en gardant la bouche ouverte.
⇒ *Breathe in and out slowly through your mouth.*

♦ Inspirez à fond et retenez votre respiration. À présent, expirez.
⇒ *Take a deep breath and hold it; now let it out again.*

♦ Dites « trente-trois ».
⇒ *Say "ninety-nine".*

♦ Toussez. Plus fort. Encore.
⇒ *Cough, please. Louder. Again.*

♦ Je vais ausculter votre cœur.
⇒ *I'm going to listen to your heart.*

♦ Il semble qu'il y ait un souffle cardiaque.
⇒ *You appear to have a heart murmur.*

♦ Avez-vous mal quand vous respirez ?
⇒ *Does it hurt when you breathe?*

○ *Yes, it feels like it's burning.*	⇒ Oui, cela me brûle.
○ *Yes, it feels like I'm choking.*	⇒ Oui, j'éprouve une sensation d'étouffement.

♦ Fumez-vous des blondes, des brunes, la pipe, le cigare ?
⇒ *Do you smoke Virginia tobacco cigarettes, brown tobacco cigarettes, a pipe or cigars?*

♦ Combien de cigarettes par jour ?
⇒ *How many cigarettes a day?*

♦ Fumez-vous du haschisch ou une autre drogue ? Le faites-vous souvent ?
⇒ *Do you smoke haschish or any other drugs? How often?*

- *No, never.* ⇒ Non, jamais.
- *Occasionally.* ⇒ De temps en temps.
- *Quite often.* ⇒ Assez souvent.

> Pour les drogues, voir chap. 11, p. 138.

♦ Toussez-vous souvent ?
⇒ *Do you often cough?*

♦ Est-ce que c'est une toux sèche ou une toux grasse ?
⇒ *Is it a dry or a chesty cough?*

♦ Avez-vous déjà craché du sang ?
⇒ *Have you ever coughed up blood?*

♦ Crachez-vous des glaires ?
⇒ *Do you bring up any phlegm?*

♦ Avez-vous déjà ressenti des douleurs dans la poitrine ?
⇒ *Have you ever suffered from chest pains?*

♦ Avez-vous mal dans la poitrine en ce moment ?
⇒ *Can you feel a pain in your chest right now?*

- *It feels as if it's squeezing me.* ⇒ Je ressens comme un serrement.
- *It's a sharp pain that leaves me breathless.* ⇒ C'est une douleur aiguë qui me coupe le souffle.
- *My left arm and shoulder hurt.* ⇒ J'ai mal dans le bras gauche et l'épaule.
- *I can feel a twinge in my back / in my chest.* ⇒ J'ai un point dans le dos / dans la poitrine.

♦ Je vais prendre votre pouls.
⇒ *I'm going to take your pulse.*

♦ Votre pouls est… ⇒ *Your pulse is…*
- lent / rapide. ⇒ *slow / fast.*
- régulier / irrégulier. ⇒ *regular / irregular.*

♦ Je vais prendre votre tension artérielle (en vous mettant ce brassard autour du bras).
⇒ *I'm going to take your blood pressure (by putting this inflatable cuff around your arm).*

♦ Connaissez-vous votre tension habituelle ?
⇒ *Do you know what your usual blood pressure is?*

♦ Pouvez-vous l'écrire ?
⇒ *Could you write it down?*

> Pour la conversion en français, supprimer simplement le zéro final des nombres anglais. Par exemple, *130/70, 120/80…* ⇒ 13/7, 12/8…

♦ Avez-vous déjà fait de l'hypertension / de l'hypotension ?
⇒ *Have you had high / low blood pressure before?*

♦ Avez-vous eu récemment des chutes de tension ?
⇒ *Has your blood pressure dropped recently?*

○ *I'm not really sure, but when I stand up too quickly my head starts to spin.*	⇒ Je n'en suis pas vraiment sûr, mais quand je me lève trop rapidement j'ai la tête qui tourne.

> Pour un examen plus approfondi, se reporter aux chapitres de la 2ᵉ partie.

5. Examen de l'abdomen

♦ Avez-vous mal à l'estomac ou au ventre ?
⇒ *Do you have any pains in your stomach or belly?*

♦ Pouvez-vous m'indiquer le point précis où vous avez mal ?
⇒ *Could you show me exactly where it hurts?*

♦ Avez-vous mal uniquement à cet endroit ?
⇒ *Does it only hurt here?*

♦ Je vais vous palper le ventre. Dites-moi si vous ressentez une douleur.
⇒ *I'm going to feel your stomach. Tell me if it hurts.*

♦ Relâchez votre abdomen.
⇒ *Relax your stomach muscles.*

> Pour la description de la douleur, voir pp. 42-43.

♦ Qu'est-ce qui permet habituellement de calmer cette douleur ?
⇒ *What usually helps relieve the pain?*

○ *Painkillers.*	⇒ Des analgésiques.
○ *Milk of magnesium.*	⇒ Des médicaments antiacides.
○ *Milk, or any other food.*	⇒ Du lait, ou tout autre aliment.
○ *Having a bowel movement.*	⇒ Aller à la selle.
○ *Lying flat on my stomach.*	⇒ Rester allongé sur le ventre.
○ *Lying curled up in a ball.*	⇒ Rester couché en chien de fusil.
○ *Rolling from side to side.*	⇒ Me rouler de chaque côté.
○ *Changing position.*	⇒ Changer de position.

♦ Qu'est-ce qui aggrave cette douleur ?
⇒ *What makes the pain worse?*

- *Tea or coffee.* ⇒ Le thé ou le café.
- *Spicy food.* ⇒ Les aliments épicés.
- *Lying flat on my back.* ⇒ Quand je reste allongé sur le dos.
- *Stress and strain.* ⇒ Le stress (la tension nerveuse).
- *When I feel upset.* ⇒ Quand j'éprouve des contrariétés.

♦ Survient-elle après les repas ?
⇒ *Does it come on after meals?*

♦ Vous réveille-t-elle la nuit ?
⇒ *Does it wake you up at night?*

♦ Vous gêne-t-elle surtout le jour ou la nuit ?
⇒ *Does it trouble you more during the day or at night?*

♦ Couchez-vous sur le dos, les jambes fléchies sur le ventre.
⇒ *Lie on your back with your knees touching your stomach.*

♦ Votre ventre est-il parfois / souvent ballonné ?
⇒ *Is your belly sometimes / often bloated?*

♦ Ce ballonnement est-il douloureux ?
⇒ *Does this hurt?*

♦ La douleur est-elle calmée par des rots, par des vomissements ou par le fait d'aller à la selle ?
⇒ *Is the pain relieved by burping, vomiting or having a bowel movement?*

Examen général

- ◆ Êtes-vous actuellement constipé ?
- ⇒ *Are you constipated at the moment?*

  - ○ *Yes, and I keep breaking wind.* ⇒ Oui, et j'ai sans arrêt des gaz.

- ◆ Avez-vous la diarrhée ? Depuis quand ?
- ⇒ *Do you have diarrhoea? How long have you had it?*

  - ○ *Yes, for ... days, and it's getting worse.* ⇒ Oui, depuis ... jours, et cela ne cesse d'empirer.
  - ○ *Yes, but it's getting better.* ⇒ Oui, mais cela s'améliore.

- ◆ Avez-vous mangé / bu aujourd'hui ?
- ⇒ *Have you eaten / drunk anything today?*

- ◆ Quoi ? À quelle heure ?
- ⇒ *What? When was it?*

- ◆ Avec quelle fréquence allez-vous d'habitude / actuellement à la selle ?
- ⇒ *How often do you move your bowels in general / at the moment?*

  - ○ *Several times a day.* ⇒ Plusieurs fois par jour.
  - ○ *Once / Twice a day.* ⇒ Une fois / Deux fois par jour.
  - ○ *Once every ... days.* ⇒ Une fois tous les ... jours.

- ◆ Quand êtes-vous allé à la selle la dernière fois ?
- ⇒ *When did you last open your bowels?*

  - ○ *Today. / Yesterday.* ⇒ Aujourd'hui. / Hier.
  - ○ *The day before yesterday.* ⇒ Avant-hier.
  - ○ *... days ago.* ⇒ Il y a ... jours.

- ◆ Comment étaient vos selles ?
- ⇒ *Can you describe your motions (= your stools)?*

  - ○ *Normal.* ⇒ Normales.
  - ○ *Hard / Soft / Liquid.* ⇒ Dures / Molles / Liquides.

- *Brown / Black / Whitish.* ⇒ Marron / Noires / Blanchâtres.
- *Copious / Scanty.* ⇒ Assez / Peu abondantes.
- *They had an offensive smell. / They didn't smell.* ⇒ D'une odeur désagréable. / Sans odeur.
- *Mucous and bloody.* ⇒ Muqueuses et sanglantes.

♦ Le sang était-il... ⇒ *Was the blood...*
  - mélangé aux matières fécales ? ⇒ *mixed in with the stools?*
  - à la surface des matières fécales ? ⇒ *on the surface of the stools?*
  - (encore) visible après avoir fait partir les matières fécales dans les toilettes ? ⇒ *(still) visible after flushing the toilet?*

♦ Je vais examiner vos organes génitaux.
⇒ *I'm going to examine your private parts.*

♦ Je vais vous faire un toucher rectal... ⇒ *I'm going to examine your back passage with my finger...*
  - pour vérifier que vous n'avez pas de fistule anale / de fissure anale / d'hémorroïdes. ⇒ *to make sure you don't have any ulcers / abnormal cracks / piles.*
  - pour palper votre prostate. ⇒ *to feel your prostate gland.*

♦ Le toucher révèle une hypertrophie prostatique.
⇒ *You appear to have prostatic hypertrophy.*

6. Examen des membres

♦ Levez le bras / la jambe.
⇒ *Raise your arm / your leg.*

- Fléchissez le genou.
⇒ *Bring your knees up to your chest.*

- Pliez le coude / les doigts.
⇒ *Bend your elbow / your fingers.*

- Ouvrez la main. Fermez-la.
⇒ *Open your hand. Close it.*

- Serrez-moi les mains très fort.
⇒ *Hold my hands tight.*

- Avez-vous souvent des fourmillements ou des picotements dans les bras ou les jambes ?
⇒ *Do you often get pins and needles in your arms or legs?*

- Vous arrive-t-il d'avoir les jambes enflées ?
⇒ *Do your legs sometimes swell up?*

- Vous sentez-vous souvent les jambes lourdes ?
⇒ *Do your legs often feel heavy?*

- Vous arrive-t-il d'avoir des crampes dans les mollets quand vous marchez ?
⇒ *Do you sometimes get cramp in your legs when you walk?*

- Depuis quand cette articulation est-elle enflée ?
⇒ *How long has this joint been swollen?*

- Est-ce douloureux ?
⇒ *Does it hurt?*

- Avez-vous fait une chute ?
⇒ *Have you had a fall?*

- Croisez les jambes.
⇒ *Cross your legs.*

- Écartez les jambes / les bras / les doigts.
⇒ *Open your legs wide. / Stretch your arms / your fingers out wide.*

- Penchez-vous en avant. Levez-vous.
⇒ *Lean forwards. Stand up.*

- Marchez. Faites demi-tour. Revenez vers moi.
⇒ *Walk around a bit. Turn round. Come back now.*

- Marchez sur les talons / sur la pointe des pieds.
⇒ *Walk on your heels / on tiptoes.*

- Vous pouvez vous rasseoir. / Vous pouvez vous rhabiller.
⇒ *You can sit down again. / You can put your clothes back on now.*

Fonctionnement du service 4

1. PRÉSENTATION DU SERVICE

- ♦ Vous vous trouvez ici dans... ⇒ *You are in...*
  - un hôpital (général). ⇒ *a (general) hospital.*
  - un centre hospitalier. ⇒ *a main hospital.*
  - un C.H.U. ⇒ *a teaching hospital.*
  - un C.H.S. ⇒ *a psychiatric hospital.*
  - une clinique. ⇒ *a private clinic.*
  - une maternité. ⇒ *a maternity hospital.*

- ♦ Vous êtes ici dans le service... ⇒ *You are in...*
  - d'accueil... ⇒ *the reception area...*
  - des urgences... ⇒ *the accident and emergency ward...*
  - d'anesthésie-réanimation... ⇒ *the intensive care ward...*
  - de cardiologie... ⇒ *the cardiology department...*
  - de chirurgie... ⇒ *the surgical department...*
  - d'endocrinologie... ⇒ *the endocrinology department...*
  - de gastro-entérologie... ⇒ *the gastroenterology department...*
  - de gynécologie et d'obstétrique... ⇒ *the gynaecology and obstetrics department...*
  - d'hématologie... ⇒ *the haematology department...*
  - des maladies infectieuses... ⇒ *the isolation ward...*
  - de maternité... ⇒ *the maternity ward...*

- de neurologie… ⇒ *the neurology department…*
- d'ophtalmologie… ⇒ *the ophtalmology department…*
- O.R.L… ⇒ *the ENT (ear, nose and throat) department…*
- de pédiatrie… ⇒ *the pediatric department…*
- de pneumologie… ⇒ *the ward for lung diseases…*
- de psychiatrie… ⇒ *the psychiatric department…*
- de rééducation… ⇒ *the physiotherapy department…*
- de rhumatologie… ⇒ *the rheumatology department…*
- d'urologie et de néphrologie… ⇒ *the urogenital and kidney diseases department…*

♦ … au rez-de-chaussée / au 1er, 2e, 3e, 4e, 5e, 6e, 7e, 8e, 9e, 10e étage…
⇒ *… on the ground floor / on the first / second / third / fourth / fifth / sixth / seventh / eighth / ninth / tenth floor…*

♦ … dans l'aile nord / sud / est / ouest…
⇒ *… in the north / south / east / west wing…*

♦ … du pavillon n° 1 / du bâtiment n° 1.
⇒ *… of block 1 / of building 1.*

♦ Le chef de service est le Docteur… / le Professeur…
⇒ *The consultant is Dr… / Professor…*

♦ Voici… ⇒ *Here is…*
- l'assistant. ⇒ *the junior doctor.*
- l'interne. ⇒ *the houseman.*

- la surveillante de garde. ⇒ *the duty nurse.*
- la surveillante-chef. ⇒ *the ward sister.*
- l'assistante sociale. ⇒ *the social worker.*

♦ Le chirurgien / Le médecin fait sa visite le matin / l'après-midi, à ... heures.
⇒ *The surgeon / The doctor does his ward round every morning / every afternoon at ... o'clock.*

♦ Votre famille peut prendre rendez-vous avec le médecin.
⇒ *Your family can make an appointment with the doctor.*

♦ Pour cela, elle doit téléphoner au secrétariat, dont voici le numéro de téléphone : ...
⇒ *To do so, they should call the receptionist, whose phone number is ...*

♦ Voici le livret d'accueil de l'hôpital.
⇒ *Here is the guide to the hospital.*

♦ Les repas sont servis : ⇒ *Mealtimes are as follows:*
- à 8 h pour le petit déjeuner. ⇒ *breakfast at 8 o'clock.*
- à 11 h 30 pour le déjeuner. ⇒ *lunch at 11.30 am.*
- à 18 h pour le dîner. ⇒ *dinner at 6.00 pm.*

2. EXPLICATIONS VISANT À ASSURER LE CONFORT DU PATIENT

♦ Préférez-vous... ⇒ *Do you prefer...*
- une chambre individuelle ? Il faudra alors payer un supplément de ... F. / Le tarif est le même dans notre service. ⇒ *a single room? You will have to pay ... francs extra. / There is no extra cost in this ward.*

- une chambre pour deux personnes ? ⇒ *a twin room?*

♦ Nous n'avons que des chambres à deux / trois lits à vous proposer.
⇒ *We only have rooms for two / three people available.*

♦ Je vous présente votre voisin(e) de chambre, M. ... / Mme ...
⇒ *This is Mr ... / Mrs ..., who you'll be sharing the room with.*

♦ Voici votre lit et l'armoire où vous pourrez ranger vos vêtements.
⇒ *Here is your bed and a wardrobe for your clothes.*

♦ Une salle de bain avec douche / avec baignoire est à votre disposition dans le service / au fond du couloir.
⇒ *You can use the bathroom in the ward / at the end of the corridor if you want to have a shower / to have a bath.*

♦ Les toilettes (= les WC) sont dans la chambre / au fond du couloir.
⇒ *The toilets are in the room / at the end of the corridor.*

♦ Voici la sonnette pour appeler l'infirmière. Si vous avez besoin de quoi que ce soit, elle viendra / je viendrai vous aider.
⇒ *You can use this bell to ring for the nurse. If you need anything she'll come / I'll come and help you.*

♦ Voici l'interrupteur pour allumer ou éteindre la lumière / le plafonnier / la veilleuse.
⇒ *Here is the switch for the light / the ceiling light / the night-light.*

◊ *Can I watch TV? Do I have to pay for it?*
⇒ Puis-je regarder la télévision ? Est-ce payant ?

Fonctionnement du service

♦ Oui, vous devez payer une location de ... F par jour.
⇒ *Yes, it costs ... francs a day.*

♦ Voici la télécommande de la télévision.
⇒ *Here is the remote control for the TV.*

♦ Il y a aussi une télévision et des magazines dans le salon au fond du couloir / au ... étage.
⇒ *You will also find a TV and some magazines in the day room at the other end of the corridor / on the ... floor.*

♦ Voici le téléphone et un annuaire téléphonique.
⇒ *Here is the phone and a telephone directory.*

♦ On peut vous appeler de l'extérieur (entre 10 h et 22 h)... ⇒ *Your family and friends can call you (between 10 am and 10 pm)...*

- en passant par le standard, dont le numéro est le suivant : ... Il faut alors demander le poste ... / la chambre ...
  ⇒ *by dialling the following number: ..., which will put them through to the switchboard. They should then ask for extension ... / room ...*
- en composant ce numéro direct : ...
  ⇒ *by dialling the following number: ..., which will put them through to you directly.*

◊ *How do I use the phone?*
⇒ Comment puis-je me servir du téléphone ?

♦ Pour téléphoner en France ou à l'étranger... ⇒ *To phone France or abroad...*

- vous devez passer par le standard (en faisant ce numéro : ...).
  ⇒ *you need to go through the switchboard (by dialling this number: ...).*

- vous devez composer le ..., puis faire votre numéro.
  ⇒ *first dial ..., and then the number.*
- il vous faut aller dans le hall principal, où vous trouverez plusieurs téléphones à pièces / à carte.
  ⇒ *you'll have to go to the main entrance. You'll find several payphones there. You'll need coins / a phonecard.*

♦ Vous paierez le téléphone au service des entrées, quand vous quitterez l'hôpital.
⇒ *You can pay the telephone bill at the reception desk when you leave.*

♦ Pour avoir accès à la ligne téléphonique, il vous faut verser une somme forfaitaire de ... F.
⇒ *You need to pay a fixed rate of ... francs if you want to use the phone.*

> Pour téléphoner en Grande-Bretagne, voir chap. 1, p. 16.

♦ Vous trouverez un distributeur de boissons... ⇒ *You will find a drinks machine...*
- dans le couloir. ⇒ *in the corridor.*
- près des ascenseurs. ⇒ *near the lifts.*
- dans le hall d'entrée. ⇒ *in the main entrance.*
- à la cafétéria. ⇒ *in the cafeteria.*

♦ Je vais vous apporter une carafe d'eau et un verre.
⇒ *I'll bring you a jug of water and a glass.*

♦ Mettez-vous à votre aise.
⇒ *Make yourself at home.*

♦ Vous pouvez vous mettre en pyjama / en chemise de nuit.
⇒ *You can put on your pyjamas / your nightdress.*

- Je reviens tout de suite.
⇒ *I'll be right back.*

3. EXPLICATIONS À L'INTENTION DES VISITEURS ET DES ACCOMPAGNATEURS

- Je suis désolé(e), mais vous ne pouvez pas entrer dans la salle d'examen / dans le bloc opératoire / dans la chambre pour l'instant.
⇒ *I'm sorry, but you can't go into the examination room / the operating theatre / the patient's room right now.*

- Les visites sont interdites / déconseillées le matin, mais autorisées l'après-midi de ... à ... heures.
⇒ *Visits are not allowed / not encouraged in the morning, but are allowed in the afternoon from ... to ... o'clock.*

- Vous pourrez rendre visite au patient dans sa chambre, de ... heures à ... heures.
⇒ *Visiting hours are from ... o'clock to ... o'clock.*

- Je vais devoir vous demander de sortir de la chambre pendant que nous nous occupons du patient / car le patient a maintenant besoin de se reposer.
⇒ *I'm afraid I'll have to ask you to leave the room while we're seeing to the patient / as the patient needs to get some rest now.*

- Il faut que vous attendiez un peu.
⇒ *I'm afraid you'll have to wait a while.*

- Nous allons nous occuper de vous dans quelques instants.
⇒ *We'll be with you in a minute.*

♦ Nous vous expliquerons dès que possible ce qui se passe.
⇒ *We'll explain what's happening as soon as we can.*

♦ Son état demeure stationnaire.
⇒ *His condition remains unchanged.*

♦ Il est dans un état grave.
⇒ *His condition is serious.*

♦ Son état s'améliore / semble empirer.
⇒ *His condition is improving / seems to be worsening.*

Constitution du dossier de soins 5

♦ Bonjour ! Je m'appelle ... et je suis l'infirmière de service.
⇒ *Good morning! / Good afternoon! / Good evening! / My name is ... and I am the duty nurse.*

♦ Je dois vous demander quelques renseignements afin de remplir le dossier de soins, ce qui permettra de vous connaître davantage et de vous soigner le mieux possible.
⇒ *I need some information in order to fill in your medical file, which will help us to know more about you and look after you as well as we can.*

1. NUTRITION

♦ Quelles sont vos habitudes alimentaires ? Suivez-vous un régime particulier ? Y a-t-il des aliments que vous ne supportez pas ?
⇒ *What kind of food do you normally eat? Are you on any particular diet? Is there anything that doesn't agree with you?*

- *I can't eat dairy produce.* ⇒ Je ne peux pas manger de produits laitiers.
- *I'm a vegetarian.* ⇒ Je suis végétarien.
- *As I'm a Moslem I don't eat pork.* ⇒ Je suis musulman et je ne mange donc pas de porc.
- *As I'm Jewish, I only eat kosher meat.* ⇒ Je suis juif et je mange donc de la viande kascher.
- *I don't like fish / poultry.* ⇒ Je n'aime pas le poisson / la volaille.

- *I can't eat eggs or pork.* ⇒ Je ne supporte ni les œufs ni la charcuterie.

◊ *I'm on...* ⇒ Je suis...
- *a salt-free diet.* ⇒ un régime sans sel.
- *a sugar-free diet.* ⇒ un régime sans sucre.
- *a fat-free diet.* ⇒ un régime sans graisse.
- *a diet for my liver.* ⇒ un régime hépatique.
- *a diet for diabetes.* ⇒ un régime diabétique.

♦ L'état de vos dents vous gêne-t-il pour manger ?
⇒ *Do you find it hard to eat because of your teeth?*

- *As I have bad teeth, I have difficulty chewing my food.* ⇒ J'ai les dents en mauvais état et je ne peux pas bien mâcher.

♦ Avez-vous d'autres problèmes quand vous mangez ?
⇒ *Do you have any other problems when you eat?*

- *Yes, it makes me cough.* ⇒ Oui, cela me fait tousser.
- *Yes, I choke on solids / liquids.* ⇒ Oui, je m'étouffe quand je mange des aliments solides / quand je bois.

♦ Portez-vous un bridge / une prothèse dentaire / un dentier ?
⇒ *Do you have a bridge / false teeth / dentures?*

- *Yes, both top and bottom.* ⇒ Oui, en haut et en bas.

♦ Pouvez-vous manger seul ?
⇒ *Can you eat on your own?*

- *Yes, if my food / my meat is cut up for me.* ⇒ Oui, si on me coupe mes aliments / ma viande.
- *No, I need some help.* ⇒ Non, j'ai besoin d'aide.

2. Élimination

◆ Avez-vous des difficultés pour uriner ?
⇒ *Do you have difficulty passing water?*

◆ Êtes-vous incontinent (= vous arrive-t-il de perdre vos urines) ?
⇒ *Are you incontinent (= do you ever pass water accidentally)?*

◆ Cela n'arrive-t-il que la nuit ou aussi dans la journée ?
⇒ *Does this happen only at night, or in the daytime too?*

- *It happens during the day when I cough, laugh or exert myself (for instance when I lift heavy objects).* ⇒ Cela m'arrive dans la journée, quand je tousse, quand je ris ou quand je fais un effort (notamment en soulevant quelque chose de lourd).
- *It can happen at any time (day or night).* ⇒ Cela m'arrive n'importe quand (le jour comme la nuit).
- *It only happens when I'm in bed.* ⇒ Cela ne m'arrive qu'au lit.
- *I have to wear a pad.* ⇒ Je dois porter une (couche de) protection.

◆ Avec quelle fréquence allez-vous à la selle ?
⇒ *How often do you have a bowel movement?*

- *Once / Twice a day.* ⇒ Une fois / Deux fois par jour.
- *Every other day.* ⇒ Tous les deux jours.
- *Every three days.* ⇒ Tous les trois jours.
- *I'm constipated.* ⇒ Je suis constipé.
- *I've not had any bowel movement for ... days.* ⇒ Je ne suis pas allé à la selle depuis ... jours.

♦ Avez-vous du mal à contrôler vos selles ?
⇒ *Do you have any difficulty controlling your bowel movements?*

- *I often get diarrhoea.* ⇒ J'ai souvent la diarrhée.
- *I've had diarrhoea lately.* ⇒ J'ai eu la diarrhée ces derniers temps.

♦ Transpirez-vous beaucoup / souvent ?
⇒ *Do you perspire a lot / often?*

♦ Vous arrive-t-il de vomir ce que vous mangez ?
⇒ *Do you sometimes bring up your food?*

3. Activité et exercice

♦ Avez-vous des difficultés… ⇒ *Do you have difficulty…*
- pour vous lever seul ? ⇒ *getting up or standing up by yourself?*
- pour vous asseoir seul ? ⇒ *sitting down by yourself?*
- pour bouger ? ⇒ *moving?*

♦ Avez-vous besoin que l'on vous aide pour aller aux toilettes ?
⇒ *Do you need help when you go to the toilet?*

♦ Quels sont vos loisirs habituels ?
⇒ *What do you do in your spare time?*

- *I read.* ⇒ La lecture.
- *I do crosswords.* ⇒ Les mots croisés.
- *I do knitting.* ⇒ Le tricot.
- *I do sewing.* ⇒ La couture.
- *I watch TV.* ⇒ La télévision.
- *I listen to music.* ⇒ La musique.
- *I do the gardening.* ⇒ Le jardinage.
- *I travel.* ⇒ Les voyages.

- ◆ Avez-vous une activité physique régulière ?
- ⇒ *Do you exercise regularly?*

- ◆ Faites-vous du sport ?
- ⇒ *Do you do any sport?*
  - ○ *I do a little sport every day / twice a week / once a week / occasionally.* ⇒ J'en fais un peu tous les jours / deux fois par semaine / une fois par semaine / de temps en temps.
  - ○ *I did a lot of sport when I was young, but I don't any more.* ⇒ J'en ai fait beaucoup dans ma jeunesse, mais je n'en fais plus.

- ◆ Pouvez-vous marcher sans peine ?
- ⇒ *Can you walk easily?*

- ◆ Avez-vous des troubles de l'équilibre ?
- ⇒ *Do you have difficulty keeping your balance?*

- ◆ Êtes-vous capable de faire votre toilette seul ?
- ⇒ *Can you get washed on your own?*
  - ○ *I can wash the top half of my body, but not my legs or back.* ⇒ Je peux me laver le haut du corps, mais pas les jambes ni le dos.

- ◆ Êtes-vous capable de vous habiller seul ?
- ⇒ *Are you able to get dressed on your own?*
  - ○ *I can put my clothes on, but I can't button them up.* ⇒ Je peux mettre mes vêtements, mais pas les boutonner.
  - ○ *I can put my shoes on, but I can't lace them up.* ⇒ Je peux mettre mes chaussures, mais pas les lacer.
  - ○ *I can't put my socks on.* ⇒ Je ne peux pas enfiler mes chaussettes.

4. Sommeil et repos

◆ Combien d'heures dormez-vous habituellement par nuit ?
⇒ *How many hours' sleep do you normally get at night?*

◆ À quelle heure vous endormez-vous et vous réveillez-vous ?
⇒ *When do you go to sleep, and when do you wake up?*

- *I go to bed at 10.30, but it takes me a long time to get to sleep.* ⇒ Je me couche à 22 h 30, mais je mets longtemps à m'endormir.

◆ Dormez-vous bien et vous sentez-vous reposé au réveil ?
⇒ *Do you sleep well and wake up feeling refreshed?*

- *I'm a light / heavy sleeper.* ⇒ Je dors d'un sommeil léger / de plomb.
- *I wake up several times in the night.* ⇒ Je me réveille plusieurs fois la nuit.
- *I don't sleep a wink all night.* ⇒ Je ne ferme pas l'œil de la nuit.
- *The pain wakes me up.* ⇒ La douleur me réveille.
- *My legs keep me awake.* ⇒ Mes jambes m'empêchent de dormir.
- *I have nightmares.* ⇒ Je fais des cauchemars.
- *I lie awake nearly all night, and sleep during the day.* ⇒ Je reste éveillé presque toute la nuit et je dors dans la journée.

◆ Avez-vous l'habitude de prendre des médicaments pour dormir ?
⇒ *Do you normally take tablets to help you get to sleep?*

- *I sometimes / often / always take a sleeping pill.* ⇒ Je prends parfois / souvent / toujours un somnifère.
- *I never take sleeping pills.* ⇒ Je ne prends jamais de somnifère.

♦ Avez-vous d'autres habitudes qui vous aident à vous endormir ?
⇒ *Is there anything else that helps you get to sleep?*

- *I drink a cup of cocoa at night before going to bed.* ⇒ Je bois un chocolat chaud le soir avant de me coucher.
- *I always keep a light on.* ⇒ Je garde toujours une lumière allumée.
- *I listen to music.* ⇒ J'écoute de la musique.
- *I read for quite a while.* ⇒ Je lis assez longtemps.
- *I use earplugs.* ⇒ Je mets des boules Quiès.

5. Vision et audition

♦ Avez-vous l'habitude de lire ? Lisez-vous sans difficulté ?
⇒ *Do you often read? Can you read easily?*

♦ Portez-vous des lunettes pour lire ?
⇒ *Do you wear reading glasses?*

♦ Portez-vous des lentilles de contact ? Avez-vous ici vos produits d'entretien ?
⇒ *Do you wear contact lenses? Do you have the products for them with you?*

♦ Entendez-vous bien ? / Portez-vous un appareil auditif ?
⇒ *Is your hearing good? / Do you use a hearing aid?*

6. Sexualité et contraception

♦ Avez-vous des enfants ? Combien ?
⇒ *Do you have any children? How many?*

♦ Utilisez-vous un moyen de contraception ? Lequel ?
⇒ *Do you use any form of contraception? What?*

- *Yes, I'm on the pill.* ⇒ Oui, je prends la pilule.
- *Yes, I've had a coil fitted.* ⇒ Oui, je me suis fait poser un stérilet.
- *Yes, I use condoms.* ⇒ Oui, j'utilise des préservatifs.
- *Yes, I use a diaphragm.* ⇒ Oui, j'utilise un diaphragme.
- *Yes, I use contraceptive gel / vaginal foam.* ⇒ Oui, j'utilise un gel contraceptif / un gel spermicide.

♦ Avez-vous été l'objet de violences sexuelles ?
⇒ *Have you ever been sexually assaulted?*

- *Yes, I was assaulted once.* ⇒ Oui, j'ai subi une agression sexuelle.
- *Yes, I was raped once.* ⇒ Oui, j'ai été violé(e).

Pour plus de précisions, voir chap. 16, pp. 189-191.

7. Gestion du stress et adaptation

♦ Êtes-vous souvent inquiet, anxieux ?
⇒ *Are you the worrying type?*

♦ Comment vous sentez-vous en ce moment ?
⇒ *How do you feel right now?*

- *I feel worried.* ⇒ Je me sens anxieux.
- *I'm afraid.* ⇒ J'ai peur.

○ *I have a lump in my throat.*	⇒ J'ai une boule dans la gorge.
○ *What's it got to do with you?*	⇒ Qu'est-ce que ça peut vous faire ?
○ *It's none of your business.*	⇒ Ça ne vous regarde pas.

◆ Des événements pouvant avoir un lien avec votre problème actuel sont-ils survenus récemment dans votre vie ?

⇒ *Has anything happened to you recently which may be linked to your present problem?*

○ *I lost my husband / my wife.*	⇒ J'ai perdu mon mari / ma femme.
○ *I lost my partner.*	⇒ J'ai perdu mon compagnon / ma compagne.
○ *I lost my son / my daughter.*	⇒ J'ai perdu mon fils / ma fille.
○ *I lost a relative.*	⇒ J'ai perdu un(e) parent(e).
○ *I lost a friend.*	⇒ J'ai perdu un(e) ami(e).
○ *I'm penniless.*	⇒ Je n'ai pas d'argent.
○ *I lost my job.*	⇒ J'ai perdu mon travail.
○ *I became homeless.*	⇒ Je n'ai plus de logement.
○ *I'm living rough.*	⇒ Je vis dans la rue.
○ *I'm suffering from withdrawal symptoms (from alcohol / drugs).*	⇒ Je suis en état de manque (d'alcool / de drogue).
○ *I've not had my usual dose.*	⇒ Je n'ai pas eu ma dose habituelle.
○ *I'm HIV positive.*	⇒ Je suis séropositif.
○ *I've got Aids.*	⇒ J'ai le sida.

◊ *I don't want to stay in hospital. / I don't want to be looked after here.*

⇒ Je ne veux pas rester à l'hôpital. / Je ne veux pas être soigné ici.

8. Valeurs et croyances

♦ Pratiquez-vous une religion ?
⇒ *What is your religion?*

- *I'm Church of England.* ⇒ Je suis anglican.
- *I'm a Protestant.* ⇒ Je suis protestant.
- *I'm a Roman Catholic.* ⇒ Je suis catholique.
- *I'm a Moslem.* ⇒ Je suis musulman.
- *I'm Jewish.* ⇒ Je suis juif.
- *I'm a freethinker.* ⇒ Je suis libre penseur.
- *I'm an agnostic.* ⇒ Je suis agnostique.

◊ *I'd like to see…* ⇒ Je voudrais voir…

- *a vicar.* ⇒ un pasteur.
- *an Anglican priest.* ⇒ un prêtre anglican.
- *a Roman Catholic priest.* ⇒ un prêtre catholique.
- *a nun.* ⇒ une religieuse.
- *an imam.* ⇒ un imam.
- *a rabbi.* ⇒ un rabbin.

♦ Un prêtre passe toutes les semaines. / Ce n'est pas dans les habitudes de cet hôpital, mais nous ferons ce que nous pourrons.
⇒ *A priest comes round every week. / This is not normal practice in our hospital, but we'll do what we can.*

◊ *I'd like to go to a service / mass on Sundays. / I'd like to receive communion.*
⇒ Je veux assister à un service religieux / à une messe le dimanche. / Je désire communier.

- Il y a une messe une fois par semaine. ⇒ *Mass is celebrated once a week.*
- Il n'y a pas de messe dans notre hôpital. ⇒ *There is no mass at this hospital.*

Bilan d'entrée 6

1. TEMPÉRATURE

♦ Pouvez-vous prendre votre température ?
⇒ *Could you take your temperature, please?*

♦ Mettez le thermomètre sous le bras / dans la bouche / dans l'anus, et conservez-le pendant cinq minutes.
⇒ *Put the thermometer under your arm / in your mouth / in your back passage, and keep it there for five minutes.*

♦ Pouvez-vous me donner le thermomètre ?
⇒ *Could you give me back the thermometer?*

♦ Vous avez ... de température [en degrés Celsius]. ⇒ *Your temperature is ...* [en degrés Fahrenheit].

• 36° C - 36°5 C	⇒ *96°8 F - 97°7 F*
• 37° C - 37°5 C	⇒ *98°6 F - 99°5 F*
• 38° C - 38°5 C	⇒ *100°4 F - 101°3 F*
• 39° C - 39°5 C	⇒ *102°2 F - 103°1 F*
• 40° C - 40°5 C	⇒ *104° F - 104°9 F*
• 41° C - 41°5 C	⇒ *105°8 F - 106°7 F*

♦ Transpirez-vous en ce moment ?
⇒ *Are you perspiring?*

♦ Vous arrive-t-il d'avoir des accès de frissons ?
⇒ *Do you sometimes get the shivers?*

♦ Depuis quand avez-vous de la température ?
⇒ *How long have you had a temperature?*

- *A few hours.* ⇒ Quelques heures.
- *All day.* ⇒ Toute une journée.
- *Since yesterday.* ⇒ Depuis hier.
- *Several days.* ⇒ Plusieurs jours.

2. TENSION ARTÉRIELLE ET PULSATIONS CARDIAQUES

♦ Tendez votre bras : je vais prendre votre tension artérielle.
⇒ *Hold out your arm – I'm going to check your blood pressure.*

♦ Levez-vous maintenant : je vais prendre de nouveau votre tension.
⇒ *Stand up now – I'm going to check it again.*

♦ Quelle est votre tension habituelle ? Pouvez-vous l'écrire ?
⇒ *What is your normal blood pressure? Could you write it down?*

♦ Vous avez 13/7, 12/8…
⇒ *It is 130/70, 120/80…*

♦ C'est une tension un peu basse / normale / un peu élevée / trop élevée.
⇒ *Your blood pressure is a little low / normal / a little high / too high.*

♦ Avancez vers moi en fermant les yeux. Avez-vous des vertiges ?
⇒ *Close your eyes and walk towards me. Do you feel dizzy?*

◆ Avez-vous habituellement un pouls lent ou rapide ?
⇒ *Is your pulse usually slow or fast?*

- *I don't know, but I can feel my heart thumping.* ⇒ Je ne sais pas, mais je sens mon cœur cogner.

◆ Votre pouls a-t-il été irrégulier ces derniers temps ?
⇒ *Has your pulse been irregular lately?*

3. Poids et taille

◆ Je vais vous peser. Pouvez-vous monter sur la balance ?
⇒ *I'm going to weigh you. Could you step onto the scales?*

◆ Vous pesez ... kilos. Est-ce votre poids habituel ?
⇒ *You weigh ... kilos. Is this your usual weight?*

> En anglais, il vaut mieux exprimer le poids en « stone ». Pour faire la conversion, diviser le nombre de kilos par 6.

◆ Avez-vous maigri ou pris du poids ces derniers temps ?
⇒ *Have you lost or put on any weight lately?*

- *I've lost weight.* ⇒ J'ai perdu du poids.
- *I've put on weight.* ⇒ J'ai pris du poids.
- *My weight has remained the same.* ⇒ Mon poids est resté stationnaire.

◆ Combien de kilos avez-vous perdu / pris ?
⇒ *How much weight have you lost / put on?*

◆ En combien de temps ?
⇒ *Over how long a period?*

- *... days / weeks.* ⇒ En ... jours / semaines.

◆ Suivez-vous un régime amaigrissant ?
⇒ *Are you on a slimming diet?*

♦ Il est nécessaire que vous perdiez du poids. / Il serait bon que vous ne preniez pas de poids supplémentaire.
⇒ *You need to lose some weight. / It would be a good idea if you didn't put any more weight on.*

♦ Avez-vous bon appétit ? A-t-il augmenté ou diminué ces derniers temps ?
⇒ *Do you have a good appetite? Has it increased or decreased lately?*

◦ *It has increased.*	⇒ Il a augmenté.
◦ *It has decreased.*	⇒ Il a diminué.
◦ *I've not noticed any change.*	⇒ Je n'ai pas remarqué de changement.

♦ Je vais vous mesurer.
⇒ *I'm going to measure you.*

4. ANALYSE D'URINES

♦ Nous devons effectuer une analyse de vos urines afin de vérifier s'il y a une infection.
⇒ *We need to take a urine sample to see if there is any infection.*

♦ Auparavant, vous allez faire votre toilette intime avec du savon ordinaire. Vous utiliserez ensuite ces compresses stériles imbibées d'un produit désinfectant, en passant une seule fois chaque compresse sur l'orifice urinaire.
⇒ *Before we do this, wash your private parts with ordinary soap. Then use these sterile swabs which have been soaked in disinfectant, going over your urinary opening once only with each one.*

♦ Pouvez-vous uriner d'abord un peu aux toilettes, puis dans ce flacon ?

⇒ *Can you pass some urine into the toilet and then into this bottle?*

- ♦ Ensuite, vous voudrez bien… ⇒ *Could you then…*
  - me l'apporter en salle de soins.
  - ⇒ *bring it to me in the treatment room?*
  - le laisser dans la salle de bain, où je viendrai le prendre.
  - ⇒ *leave it in the bathroom? I'll come and pick it up later.*
  - sonner / m'appeler pour me prévenir quand vous aurez fini.
  - ⇒ *ring the bell / call me to let me know when you've finished?*
- ♦ Les résultats de votre analyse sont normaux.
  ⇒ *The results of your urine sample are normal.*

♦ Vos urines sont-elles habituellement troubles / sanglantes / brunes et mousseuses ?
⇒ *Is your urine usually cloudy / bloody / brown and frothy?*

♦ Il y a du sucre / du glucose dans vos urines. Cela vous est-il déjà arrivé ?
⇒ *You have some sugar / glucose in your urine. Has this ever happened before?*

- ○ *Yes, I'm diabetic and I'm on insulin.*
- ⇒ Oui. Je suis diabétique et on m'a donné un traitement à l'insuline.

♦ Il y a de l'albumine / de l'acétone dans vos urines.
⇒ *You have some albumin / acetone in your urine.*

♦ Il y a un germe / un microbe dans vos urines, mais ce n'est pas très grave. Il vous faudra boire au moins deux litres d'eau par jour.

⇒ *There's a germ in your urine, but it's not too serious. You'll have to drink at least two litres (= three pints) of water a day.*

5. PRISE DE SANG

♦ Il est nécessaire de vous faire des examens sanguins.
⇒ *You'll need to have a blood test.*

♦ Êtes-vous bien à jeun pour cette prise de sang, c'est-à-dire y a-t-il au moins huit heures que vous n'avez ni bu ni mangé ?
⇒ *Are you sure you've had nothing to eat or drink for the last eight hours at least?*

♦ Êtes-vous d'accord pour faire un test de dépistage du sida ?
⇒ *Are you prepared to have an Aids test?*

♦ Dans votre cas, je ne puis que vous le conseiller fortement.
⇒ *In view of the circumstances, I strongly advise you to do so.*

♦ Il va donc falloir faire une prise de sang.
⇒ *We'll need to take a blood sample.*

> En Grande-Bretagne et en Irlande, cet acte ne peut être effectué que par un médecin. L'explication de cette différence pourra contribuer à rassurer le patient.

♦ C'est l'infirmière qui va s'en occuper. En France, les infirmières sont en effet habilitées à accomplir ce geste médical, et elles ont l'habitude de le faire.
⇒ *Nurse is going to take a sample of your blood. Nurses are authorized to do this in France as part of routine procedure.*

Bilan d'entrée

♦ Vous a-t-on déjà fait des prises de sang ?
⇒ *Have you had a blood sample taken before?*

- *Yes, once / several times.* ⇒ Oui, une fois / plusieurs fois.
- *I'm afraid of having my blood taken. / I faint every time.* ⇒ Les prises de sang me font peur. / Je m'évanouis à chaque fois.

♦ Ne vous en faites pas. Il s'agit d'une simple piqûre, qui ne sera pas douloureuse.
⇒ *Don't worry. It's only an injection – it won't hurt.*

♦ Pouvez-vous vous allonger sur le lit ? / Pouvez-vous vous asseoir sur ce fauteuil ?
⇒ *Could you lie down on the bed? / Would you take a seat, please?*

♦ Y a-t-il un bras où vous préférez être piqué ?
⇒ *Which arm would you prefer us to use for the injection?*

- *I don't mind.* ⇒ Cela m'est égal.
- *My right arm / my left arm.* ⇒ Oui, le bras droit / le bras gauche.
- *They never give me injections in my right arm / in my left arm.* ⇒ On ne me pique jamais dans le bras droit / dans le bras gauche.

♦ Tendez votre bras, s'il vous plaît.
⇒ *Stretch your arm out, please.*

♦ Je vais vous mettre un garrot pour que la piqûre soit plus facile.
⇒ *I'm going to use a tourniquet to make the injection easier.*

♦ Serrez le poing. Ouvrez et fermez la main.
⇒ *Clench your fist. Open and close your hand.*

♦ N'ayez pas peur et détendez-vous. Tout va bien se passer.
⇒ *Don't be afraid. Just relax. Everything's going to be all right.*

◊ *Why are you putting gloves on?*
⇒ Pourquoi mettez-vous des gants ?

- Je les mets simplement par mesure de protection générale, dans votre intérêt comme dans le mien. ⇒ *I'm only putting them on as part of standard safety procedures, for your sake and mine.*

♦ C'est bien. Ne bougez pas, je pique.
⇒ *That's perfect. Don't move, I'm going to inject you now.*

♦ Voilà, c'est terminé. Tout va bien ?
⇒ *Good, it's over now. Do you feel all right?*

♦ Pouvez-vous appuyer sur ce tampon ?
⇒ *Could you press on this swab?*

♦ Pour finir, je vais vous mettre un pansement.
⇒ *I'm just going to put a plaster on, and then it'll all be over.*

♦ Maintenant, vous pouvez manger. Je vais demander que l'on apporte votre repas.
⇒ *You can have something to eat now. I'll have a meal brought to your room.*

◊ *When will the results be ready?*
⇒ Quand aurez-vous les résultats de cet examen ?

- En fin de matinée.   ⇒ *Just before lunchtime.*
- Cet après-midi.   ⇒ *This afternoon.*
- Ce soir.   ⇒ *This evening.*

- Demain matin. ⇒ *Tomorrow morning.*
- Dans une semaine. ⇒ *In a week's time.*

♦ Vous recevrez les résultats chez vous.
⇒ *The results will be sent to your home address.*

♦ Les résultats seront envoyés à votre médecin, qui vous tiendra alors informé.
⇒ *The results will be sent to your GP, who will get in touch with you.*

♦ Il vous faudra venir chercher vos résultats à l'hôpital.
⇒ *The results will be left here for you to collect them.*

6. EXAMENS COMPLÉMENTAIRES

♦ Le médecin a prescrit… / Je vais vous faire faire…
⇒ *The doctor has prescribed… / I'm going to arrange for you to have…*

- un certain nombre d'examens. ⇒ *some tests.*
- des examens complémentaires. ⇒ *some further tests.*
- des examens radiologiques. ⇒ *some X-rays.*
- des examens sanguins. ⇒ *some blood tests.*
- des examens sérologiques / neurologiques. ⇒ *some serological / neurological tests.*
- un scanner. ⇒ *a scan.*
- une échographie. ⇒ *an ultrasound [scan].*
- une endoscopie. ⇒ *an endoscopy.*
- un électrocardiogramme. ⇒ *an electrocardiogram (= ECG).*
- une ponction lombaire. ⇒ *a spinal tap.*

A. Radiographies

♦ Vous allez passer une radio... ⇒ *We're going to X-ray...*

• des poumons.	⇒ *your lungs.*
• de la colonne lombaire.	⇒ *the lower region of your spinal column.*
• du bassin.	⇒ *your pelvis.*
• du crâne.	⇒ *your skull.*
• de la jambe.	⇒ *your leg.*
• du bras.	⇒ *your arm.*

♦ Je vais vous injecter par voie intraveineuse un produit de contraste, qui permettra de faire la radiographie.
⇒ *I'm just going to inject a substance intravenously. This substance, or contrast, will show up on the X-ray picture.*

♦ À l'occasion d'une injection faite pour une radio, avez-vous déjà eu une allergie à l'iode ?
⇒ *Have you ever developed an allergy to iodine after being injected for an X-ray?*

♦ Avez-vous un terrain allergique particulier ?
⇒ *Are you allergic to anything in particular?*

> Pour les différentes allergies, voir chap. 2, pp. 36-37.

♦ Pouvez-vous vous mettre torse nu ?
⇒ *Could you strip to the waist?*

♦ Pouvez-vous enlever vos vêtements et ne garder que vos sous-vêtements ?
⇒ *Could you strip off down to your underwear?*

♦ Pouvez-vous monter / vous allonger sur la table de radio ?
⇒ *Could you climb onto / lie down on the X-ray table?*

- ◆ Appuyez-vous sur la plaque.
⇒ *Lean against the plate.*

- ◆ Tournez-vous... ⇒ *Turn round...*
  - à droite / à gauche. ⇒ *to the right / to the left.*
  - sur le ventre. ⇒ *onto your stomach.*
  - sur le dos. ⇒ *onto your back.*

- ◆ Quand je vous le dirai... / Quand je vous ferai signe...
⇒ *When I give you the word... / When I give you the sign...*
  - ne bougez plus. ⇒ *don't move.*
  - ne respirez plus. ⇒ *hold your breath.*
  - n'avalez pas votre salive. ⇒ *don't swallow.*

- ◆ La radio n'est pas bonne : il faut la refaire.
⇒ *The X-ray was unsuccessful – I shall have to take another one.*

◊ *What can you see on the X-ray?*
⇒ Que voit-on sur la radio ?
  - Tout va bien. ⇒ *Everything looks fine.*
  - Vous avez une fracture. ⇒ *You have a fracture.*
  - Vous avez une luxation. ⇒ *You have a dislocation.*
  - Vous avez un arrachement ligamentaire. ⇒ *You have a torn ligament.*
  - Vous avez un kyste. ⇒ *You have a cyst.*
  - L'image est anormale. ⇒ *The picture's not quite right.*

◊ *Can you tell what it is?*
⇒ Savez-vous ce que c'est ?
  - Non, mais le médecin va vous l'expliquer. ⇒ *No, but the doctor will explain.*

B. ÉCHOGRAPHIES

♦ Je vais vous faire une échographie (c'est-à-dire obtenir grâce aux ultrasons une image de cette partie de votre corps). Rassurez-vous : ce n'est absolument pas douloureux.
⇒ *I'm just going to give you an ultrasound scan (which involves taking a picture of this part of your body using ultrasound). Don't worry – it's quite painless.*

C. ENDOSCOPIES

♦ Je vais utiliser un endoscope pour examiner l'intérieur de... ⇒ *I'm just going to use an endoscope to look inside...*

- vos bronches.   ⇒ *your bronchial tubes.*
- votre estomac.   ⇒ *your stomach.*
- votre vessie.   ⇒ *your bladder.*
- votre intestin.   ⇒ *your bowels.*

♦ Rassurez-vous : cela va être assez désagréable, mais pas vraiment douloureux.
⇒ *Don't worry – I know it's not very pleasant, but it won't hurt much.*

♦ Auparavant, je vais mettre un peu de gel anesthésiant. Cela facilitera l'introduction du tube.
⇒ *Before I do that, I'm going to apply some anaesthetic gel. It will make it easier to insert the tube.*

♦ Détendez-vous. Je vais introduire tout doucement le tube... ⇒ *Try to relax. I'm going to insert the tube as gently as I can...*

- dans votre gorge, puis dans votre œsophage.   ⇒ *into your throat, and then into your gullet.*

- dans votre urètre (c'est-à-dire dans votre conduit urinaire).
⇒ *into your urethra (which means your urinary canal).*
- dans votre anus.
⇒ *into your back passage.*

D. BIOPSIES

♦ Je vais faire une biopsie (c'est-à-dire prélever un petit fragment de tissu pour le faire examiner au microscope).

⇒ *I'm going to perform a biopsy (in other words, I'm going to take a small sample of tissue and have it examined under a microscope).*

♦ Je vais l'envoyer au laboratoire pour analyse.

⇒ *I'm going to send it to the laboratory now to have it analysed.*

Gestes techniques

1. INJECTIONS, PERFUSIONS, TRANSFUSIONS ET SONDES

A. INJECTIONS

♦ Je vais vous faire une injection sous-cutanée / intramusculaire / intraveineuse.
⇒ *I'm just going to give you a subcutaneous / intramuscular / intravenous injection.*

♦ Je vais vous faire une injection… ⇒ *I'm going to give you an injection…*
- dans la fesse. ⇒ *in your bottom.*
- dans la cuisse. ⇒ *in your thigh.*
- dans le ventre. ⇒ *in your stomach.*
- dans l'épaule. ⇒ *in your shoulder.*
- dans le bras. ⇒ *in your arm.*

♦ Je vais vous injecter un analgésique. L'injection fera effet dans cinq minutes.
⇒ *I'm going to give you a painkilling injection. It will take five minutes to work.*

♦ Pouvez-vous vous allonger sur le ventre / sur le dos / vous tourner sur le côté ?
⇒ *Could you lie flat on your stomach / on your back / turn over onto your side?*

♦ Dans quelle fesse avez-vous été piqué la dernière fois ?
⇒ *Which side of your bottom did they inject last time?*

♦ Je vais nettoyer la peau, ce qui vous donnera une impression de froid.

⇒ *I'm going to clean the skin, which will make it feel a bit cold.*

♦ N'ayez pas peur et détendez-vous. Tout va bien se passer. Ne vous crispez pas. Relâchez vos muscles.
⇒ *Don't be afraid. Just relax. Everything's going to be all right. Don't be tense. Relax your muscles.*

♦ Ne bougez pas, je pique.
⇒ *Don't move – I'm going to inject you.*

♦ Voilà, c'est terminé. Tout va bien ?
⇒ *Good, it's over now. Do you feel all right?*

B. PERFUSIONS

♦ Puisque vous ne mangez plus depuis plusieurs jours, il est nécessaire de vous hydrater par voie intraveineuse.
⇒ *As you've hardly eaten anything for several days, we need to rehydrate you intravenously.*

♦ Le docteur estime qu'il vaut mieux vous administrer les antibiotiques / les médicaments par voie intraveineuse. Je vais donc vous mettre sous perfusion / vous poser une perfusion.
⇒ *As the doctor thinks it's better for you to take the antibiotics / the medicine intravenously, I'm going to put you on a drip.*

♦ Vous n'aurez pas mal. Cela se passe comme une prise de sang. Je vais ponctionner une veine, puis laisser en place une aiguille en plastique souple et vous faire un pansement.
⇒ *It won't hurt – it's just like having a blood test. I'll insert a flexible plastic needle into one of your veins, and put a plaster over it.*

◊ *How long will I have to keep it on?*
⇒ Combien de temps vais-je devoir rester sous perfusion ?
- Quelques jours. ⇒ *A few days.*

◊ *Will I be able to get up?*
⇒ Est-ce que je pourrai me lever ?
- Oui. Nous mettrons le flacon / la poche sur un pied à perfusion muni de roulettes, ce qui vous permettra de bouger. ⇒ *Yes. We'll fix the bottle / the plastic container to a drip stand on wheels, which will allow you to move about.*
- Non. Vous devez rester au lit. ⇒ *No, you'll have to stay in bed.*

C. TRANSFUSIONS

♦ Nous devons vous faire une transfusion.
⇒ *We need to give you a transfusion.*

♦ Vous a-t-on déjà fait des transfusions dans le passé ?
⇒ *Have you had a transfusion before?*

♦ Avez-vous votre carte de groupe sanguin ?
⇒ *Have you got your blood-group card with you?*

◊ *I don't want to have a transfusion...* ⇒ Je ne veux pas de transfusion...
- *because I'm afraid the blood may be contaminated.* ⇒ car j'ai peur que le sang soit contaminé.
- *because I'm a Jehovah's Witness.* ⇒ car je suis témoin de Jéhovah.

♦ Tendez votre bras, s'il vous plaît.
⇒ *Stretch out your arm, please.*

- Serrez le poing. Ouvrez et fermez la main.
⇒ *Clench your fist. Open and close your hand.*

- Voilà, je commence à faire passer le sang.
⇒ *Fine, I'm going to start to let the blood trickle in.*

- Sonnez sans attendre... ⇒ *Ring the bell at once...*
  - si vous avez des frissons. ⇒ *if you get the shivers.*
  - si vous avez mal au ventre ou aux reins. ⇒ *if you get stomachache or backache.*
  - si vous avez des maux de tête. ⇒ *if you get a headache.*
  - si vous avez un malaise. ⇒ *if you feel dizzy.*

D. SONDES

- Je vais vous poser une sonde urinaire (c'est-à-dire faire passer dans votre vessie un tube qui permettra d'évacuer votre urine). Cela vous évitera de vous lever et vous vous sentirez bien plus à l'aise.

⇒ *I'm just going to insert a catheter (in other words, I'm going to insert a tube into your bladder which will drain the urine). You won't have to get up, and you'll feel much more comfortable.*

◊ *Isn't it painful?*
⇒ Est-ce que cela fait mal ?

- Ne vous inquiétez pas. Je vais d'abord nettoyer votre orifice urinaire avec un antiseptique, afin d'empêcher les microbes de pénétrer dans votre vessie et de provoquer une infection. Ensuite, j'introduirai tout doucement le tube.

⇒ *Don't worry. I'll first clean your urinary opening with antiseptic to stop germs from getting into the bladder and causing an infection, and then I'll gently insert the tube.*

♦ Je vais enlever la sonde petit à petit. Ce sera un peu désagréable, mais j'irai le plus doucement possible.
⇒ *I'm going to gradually remove the catheter. It's not going to be very pleasant, but I'll be as gentle as I can.*

2. Vaccinations

♦ Avez-vous votre carnet / vos certificats de vaccination ?
⇒ *Have you got your vaccination book / certificates with you?*

> Pour les différentes vaccinations, voir chap. 2, p. 36.

♦ Je dois vous faire une vaccination.
⇒ *I need to vaccinate you.*

♦ Je dois vous injecter… ⇒ *I need to inject you with…*
- un sérum antitétanique. ⇒ *antitetanic serum.*
- des immunoglobulines. ⇒ *immunoglobulins.*

3. Pansements

♦ Je vais vous faire / L'infirmière va vous faire un pansement.
⇒ *I'm going / The nurse is going to put a bandage on.*

♦ Je vais jeter un coup d'œil à votre pansement pour vérifier que tout va bien.
⇒ *I'm going to have a look at your bandage to make sure everything's all right.*

♦ Je vais désinfecter la plaie.
⇒ *I'm going to disinfect the wound.*

♦ Depuis combien de temps avez-vous ce pansement ?
⇒ *How long have you had this bandage on?*

◆ Où a été fait ce pansement ?
⇒ *Where was the bandage put on?*

- *In an English hospital.* ⇒ Dans un hôpital anglais.
- *In a French hospital.* ⇒ Dans un hôpital français.
- *In a health centre.* ⇒ Dans un centre de soins.

◆ Qui a fait ce pansement ?
⇒ *Who put the bandage on?*

- *A doctor.* ⇒ Un médecin.
- *A nurse.* ⇒ Une infirmière.
- *I did it myself.* ⇒ C'est moi.

◆ Cela vous fait-il mal quand on refait votre pansement ?
⇒ *Does it hurt when the bandage is changed?*

- *Yes, but it's not too bad.* ⇒ Oui, mais c'est supportable.
- *Yes, and they usually give me painkillers.* ⇒ Oui, et d'habitude on me donne des calmants.

◆ Pour enlever ce pansement, il me faut d'abord…
⇒ *Before I take the bandage off, I'm first going to…*

- l'humidifier. ⇒ *moisten it.*
- le faire tremper. ⇒ *soak it in water.*

◆ Pour désinfecter / Pour nettoyer la plaie / la cicatrice, je vais utiliser un antiseptique (de l'alcool / de l'alcool iodé / de la teinture d'iode / de l'eau oxygénée…).
⇒ *In order to disinfect / to clean your wound / your scar, I'm going to use an antiseptic (alcohol / iodine / tincture of iodine / hydrogen peroxide…).*

◆ Puis j'utiliserai de l'éther pour enlever les traces que le sparadrap a laissées sur la peau.
⇒ *Then I'll use methylated ether to remove the marks left on your skin by the plaster.*

- Êtes-vous allergique à l'iode ?
⇒ *Are you allergic to iodine?*

- Dites-moi si je vous fais mal.
⇒ *Tell me if it hurts.*

◊ *How does the wound / the scar look to you?*
⇒ Comment trouvez-vous la plaie / la cicatrice ?

- Tout a l'air de bien aller. ⇒ *Everything looks fine.*
- Ce n'est pas encore très joli, mais cela va bientôt s'arranger. ⇒ *It hasn't cleared up completely yet, but it soon will.*

◊ *What is this instrument?*
⇒ Quel est cet instrument ?

- C'est une pince. ⇒ *They're forceps.*
- Ce sont des ciseaux. ⇒ *They're scissors.*
- C'est un scalpel. ⇒ *It's a scalpel.*

- La plaie n'est pas bien fermée / est sale / est infectée.
⇒ *The wound hasn't healed up yet / is dirty / is septic.*

- La plaie est assez profonde et purulente. Je vais donc y insérer une mèche de gaze pour permettre au pus de sortir.
⇒ *The wound is quite deep and is weeping. I'm going to put a surgical dressing on to draw the pus out.*

◊ *What is this?*
⇒ Qu'est-ce que c'est que ça ?

- C'est une mèche de gaze, qui va drainer la plaie. ⇒ *It's a ribbon gauze, which will drain the wound.*
- C'est une pommade antiseptique, qui va empêcher la plaie de s'infecter. ⇒ *It's antiseptic ointment, which will stop the wound from becoming infected.*
- C'est une poudre antibiotique. ⇒ *It's antibiotic powder.*
- C'est de la gaze stérile. ⇒ *It's sterilized gauze.*
- C'est du tulle gras. ⇒ *It's tulle gras.*

♦ Une lame de caoutchouc sort / Des crins sortent de la plaie opératoire. Elle va / Ils vont permettre de drainer la plaie / de faire sortir le pus.
⇒ *You will see a thin piece of rubber / some horsehair sticking out of the wound. It will help drain the wound / draw the pus out.*

◊ *How long do you think the wound will take to heal up?*
⇒ Dans combien de temps pensez-vous que la plaie sera cicatrisée ?

- Très bientôt. ⇒ *Not long at all.*
- Elle est déjà en voie de cicatrisation. ⇒ *It's already healing up nicely.*
- La cicatrisation ne se fait pas très bien. ⇒ *It's not healing up very well.*
- C'est difficile à dire. Quelques jours / Quelques semaines probablement. ⇒ *It's hard to say. It's probably a matter of days / weeks.*

◊ *What are you going to do to me? What is that?*
⇒ Qu'allez-vous me faire ? Quel est cet objet ?

- Il s'agit d'un redon. Ce petit tuyau permet au sang de sortir de la plaie et évite que des hématomes ne s'y forment. ⇒ *It's a suction drain. This small pipe will drain off the blood and stop it from clotting.*

◊ *How long will I have to keep it on?*
⇒ Combien de temps vais-je devoir garder cela ?

- Quelques jours. Quand il n'y aura presque plus rien dans le redon, nous vous l'enlèverons. ⇒ *Only a few days. We'll remove the suction drain when there's hardly anything left in it.*

◊ *When are you going to remove the drainage tube / the wires / the stitches / the clips?*
⇒ Quand m'enlèverez-vous le drain / les fils / les points / les agrafes ?

- J'enlèverai demain votre drain et dans deux jours les fils / les points / les agrafes. ⇒ *I'll remove your drainage tube tomorrow, and I'll remove the wires / the stitches / the clips in two days' time.*

♦ Je vais vous enlever un drain.
⇒ *I'm going to remove a drainage tube.*

◊ *Is it going to hurt?*
⇒ Cela va-t-il me faire mal ?

- Pas vraiment. Ce sera un peu désagréable, mais cela ne durera pas longtemps. ⇒ *Not really. It won't be very pleasant, but it'll only take a minute.*

♦ Respirez calmement / profondément.
⇒ *Breathe in and out slowly / deeply.*

♦ Rassurez-vous. Tout va bien se passer. / Cela ira mieux demain.
⇒ *Don't worry – it'll be fine / it'll feel better tomorrow.*

◊ *How often will the bandage need to be changed?*
⇒ Tous les combien faudra-t-il refaire le pansement ?

- Tous les jours. ⇒ *Every day.*
- Tous les … jours. ⇒ *Every … days.*

♦ Il vous faudra revenir pour refaire le pansement…
⇒ *You need to come back to have your bandage changed…*

- demain matin. ⇒ *tomorrow morning.*
- tous les matins. ⇒ *every morning.*

♦ Il ne faut surtout pas mouiller votre pansement.
⇒ *Make sure you don't get your bandage wet.*

♦ Si votre pansement coule… / se salit…
⇒ *If it seeps through the dressing… / If the dressing gets dirty…*

- il faut le dire à l'infirmière. ⇒ *let the nurse know.*
- il faut revenir voir le médecin / l'infirmière. ⇒ *come back and see the doctor / the nurse.*

Hygiène et confort du patient 8

1. TOILETTE AU LIT OU AU LAVABO

♦ C'est l'heure de faire votre toilette. Pouvez-vous la faire seul ?
⇒ *It's time for a wash. Can you manage on your own?*

- *No, I don't feel up to it.* ⇒ Non, je n'en ai pas la force.
- *No, you'll have to help me.* ⇒ Non, j'ai besoin que vous m'aidiez.
- *I'll try.* ⇒ Je vais essayer.

♦ Vous vous lèverez demain, mais aujourd'hui je vais vous laver au lit.
⇒ *You can get up tomorrow, but today I'm going to give you a bed bath.*

♦ Je vais vous apporter une cuvette d'eau. À quelle température la voulez-vous : froide, tiède ou chaude ?
⇒ *I'm going to fetch a bowl of water. How do you like it – cold, warm or hot?*

♦ L'eau est-elle à la bonne température ?
⇒ *Is the water all right for you?*

- *Yes, it's fine.* ⇒ Oui, ça va très bien.
- *It's too cold / too hot.* ⇒ C'est trop froid / trop chaud.

♦ Je vais vous aider à faire votre toilette.
⇒ *I'm going to help you wash.*

♦ Je vais vous aider à aller jusqu'au lavabo.
⇒ *I'm going to help you walk to the washbasin.*

♦ Avez-vous vos affaires de toilette ?
⇒ *Have you got your toiletries with you?*

- Du savon ? ⇒ *Soap?*
- Une brosse à dents ? ⇒ *A toothbrush?*
- Du dentifrice ? ⇒ *Toothpaste?*
- Un rasoir mécanique ou électrique ? ⇒ *A razor or an electric shaver?*
- Un peigne ? ⇒ *A comb?*
- Une brosse à cheveux ? ⇒ *A hairbrush?*
- De l'eau de Cologne ou de l'eau de toilette ? ⇒ *Some eau de Cologne or toilet water?*
- Du déodorant ? ⇒ *Deodorant?*

◊ *My things are…* ⇒ Mes affaires sont…
- *in the bedside table.* ⇒ dans la table de nuit.
- *in the wardrobe / the locker.* ⇒ dans l'armoire / le placard.
- *in the bathroom.* ⇒ dans la salle de bain.

◊ *I've got nothing with me, as I was rushed here. / My things are going to be brought here.*
⇒ Je suis entré en urgence et je n'ai donc rien apporté. / On va m'apporter mes affaires.

♦ Pouvez-vous vous laver le visage / le torse / le dos / les jambes / les pieds ?
⇒ *Can you wash your face / your chest / your back / your legs / your feet?*

- *I can wash my arms and the top half of my body, but you'll have to help me with my back and feet.* ⇒ Je peux me laver les bras et le haut du corps, mais il faudra que vous m'aidiez pour le dos et les pieds.

♦ Pouvez-vous vous brosser les dents tout seul ?
⇒ *Can you brush your teeth on your own?*

◆ Pouvez-vous nettoyer vous-même votre dentier ?
⇒ *Can you clean your dentures by yourself?*

◆ Votre bouche est trop sèche : je vais vous faire un soin de bouche.
⇒ *As your mouth is a little dry, I'm going to give you a mouthwash.*

◆ Veuillez ouvrir la bouche et tirer la langue.
⇒ *Can you open your mouth and stick your tongue out, please?*

◆ Pouvez-vous vous peigner seul(e) ?
⇒ *Can you comb your hair on your own?*

◆ Je vais vous coiffer.
⇒ *I'm going to do your hair.*

◆ Voulez-vous que je vous fasse une natte ou un chignon ?
⇒ *Do you want me to plait your hair or put it in a bun?*

◆ Pouvez-vous vous raser ? Avez-vous apporté un miroir ?
⇒ *Can you shave? Have you brought a hand mirror with you?*

◆ Je vais vous raser. Nous nous servons de rasoirs jetables.
⇒ *I'm going to shave you. We use disposable razors here.*

◆ Pouvez-vous faire votre toilette intime tout seul ?
⇒ *Can you wash your private parts on your own?*

◆ Je vais faire votre toilette intime.
⇒ *I'm going to wash your private parts.*

♦ Soulevez votre bassin.
⇒ *Lift your pelvis.*

♦ Tournez-vous sur le côté droit / gauche.
⇒ *Turn over onto your right / left side.*

♦ Je vais vous rincer / vous essuyer.
⇒ *I'm going to rinse you / to wipe you dry.*

♦ Votre peau est un peu irritée. Je vais donc vous faire un petit massage, car il est important d'empêcher la formation d'escarres.
⇒ *I'm just going to give you a massage, as your skin is a little irritated and it's important to avoid bedsores.*

♦ Je vais vous mettre de la crème sur les endroits sensibles.
⇒ *I'm going to rub some cream into the sore areas.*

♦ Je vais vous mettre de la crème sur le dos, les talons et les fesses.
⇒ *I'm going to put some cream on your back, heels and bottom.*

♦ Votre pyjama est sale. / Votre chemise de nuit est sale. Avez-vous des vêtements de nuit propres ? Où les avez-vous rangés ?
⇒ *Your pyjamas need washing. / Your nightdress needs washing. Have you got any clean night clothes? Where have you put them?*

- *In the wardrobe / the locker.* ⇒ Dans l'armoire / le placard.
- *In my suitcase / my bag.* ⇒ Dans ma valise / mon sac.

♦ Je vais vous donner une chemise d'opéré : ce sera plus pratique pour les perfusions.

⇒ *I'm going to give you a gown. It will make things easier when you are on a drip.*

♦ Je vais vous aider à changer votre chemise de nuit / votre pyjama.
⇒ *I'm going to help you change your nightdress / your pyjamas.*

2. Bain-douche

♦ Désirez-vous prendre un bain ou une douche ?
⇒ *Would you like a bath or a shower?*

♦ Vous pouvez aller / Je vais vous accompagner dans la salle de bain.
⇒ *You can go to / I'll help you to the bathroom.*

♦ Je vais vous donner un bain.
⇒ *I'm going to give you a bath.*

3. Shampooing

◊ *Could I have my hair washed?*
⇒ Serait-il possible qu'on me lave les cheveux ?

♦ Il est nécessaire que je vous lave les cheveux / que je vous fasse un shampooing.
⇒ *I need to wash / shampoo your hair.*

♦ Souhaitez-vous que je vous fasse un shampooing ?
⇒ *Would you like me to shampoo your hair?*

  ○ *Yes, I'd like that, but I'm not allowed to get up.* ⇒ Oui, j'aimerais beaucoup, mais je n'ai pas le droit de me lever.

♦ Je vais aller chercher le matériel nécessaire pour vous laver la tête au lit.

⇒ *I'm just going to fetch the things I need to wash your hair.*

♦ Mettez bien la tête en arrière. Je vais vous mouiller les cheveux.
⇒ *Lean back as far as you can. I'm going to wet your hair.*

♦ Je vais vous rincer les cheveux.
⇒ *I'm going to rinse your hair.*

♦ Je vais vous sécher les cheveux avec une serviette / avec un sèche-cheveux.
⇒ *Now I'm going to dry your hair with a towel / with a hairdryer.*

4. Bain de pieds

♦ Je vais vous faire un bain de pieds.
⇒ *I'm going to give you a footbath.*

♦ Asseyez-vous sur le rebord du lit / sur la chaise.
⇒ *Sit on the edge of the bed / on the chair.*

♦ Mettez vos pieds dans la bassine. Laissez-les tremper quelques minutes, je vais revenir les savonner et les rincer.
⇒ *Put your feet in the washbasin. Leave them to soak for a few minutes – I'll be back to wash and rinse them.*

♦ Sortez le pied de la bassine et posez-le sur l'alèse propre. Procédez de la même façon pour l'autre pied.
⇒ *Take your foot out of the washbasin and rest it on the clean sheet. Now do the same with your other foot.*

♦ Maintenant, je vais vous couper les ongles.
⇒ *Now I'm going to cut your toenails.*

5. URINER ET ALLER À LA SELLE

◊ *I need to pass water...* ⇒ J'ai envie d'uriner...
- *but I feel dizzy and can't get up.* ⇒ mais j'ai des vertiges et je ne peux pas me lever.
- *but I don't feel very steady on my legs.* ⇒ mais je ne me sens pas très solide sur mes jambes.

◊ *Could you...* ⇒ Pouvez-vous...
- *pass me the bedpan?* ⇒ me donner le bassin ?
- *give me a urinal?* ⇒ me donner un urinal ?
- *help me get up?* ⇒ m'aider à me lever ?

◊ *I have an upset stomach, and can't pass water when I'm lying down.*
⇒ J'ai mal au ventre. Je ne peux pas uriner couché.

♦ Depuis quand n'avez-vous pas uriné ?
⇒ *When did you last pass water?*
- *This morning. / Last night.* ⇒ Depuis ce matin. / Depuis hier soir.

◊ *I need to go to the toilet. / I need to move my bowels.*
⇒ J'ai besoin d'aller aux toilettes. / J'ai besoin d'aller à la selle.

♦ Voulez-vous aller aux toilettes ? / Je vais vous aider à aller aux toilettes.
⇒ *Do you need to go to the toilet? / I'm going to help you to the toilet.*

♦ Voulez-vous le bassin ? / Je vais vous installer le bassin.
⇒ *Do you need to use the bedpan? / I'm going to put you on a bedpan.*

♦ Voici du papier hygiénique.
⇒ *Here is some toilet paper.*

♦ Quand vous aurez fini, appuyez sur la sonnette pour m'appeler.
⇒ *Ring for me when you've finished.*

6. Lever le patient du lit, le faire marcher et l'installer dans le lit

♦ Vous devez prendre beaucoup de repos. Le médecin vous autorisera à vous lever quand vous irez un peu mieux.
⇒ *You need to get plenty of rest. The doctor will let you get up when you're feeling a little better.*

♦ Pourriez-vous vous asseoir dans le lit ?
⇒ *Could you sit on the bed?*

♦ Pourriez-vous vous asseoir au bord du lit, les jambes pendantes ?
⇒ *Could you sit on the edge of the bed, with your legs hanging over?*

♦ Je vais vous aider à vous lever.
⇒ *I'll help you get up.*

♦ Je vais vous asseoir sur ce fauteuil / cette chaise roulante pendant un moment.
⇒ *I'll help you into the armchair / the wheelchair – you can sit there for a while.*

♦ Tenez bien mes mains pour vous lever.
⇒ *Hold on tight to my hands as you get up.*

♦ Êtes-vous bien installé ?
⇒ *Are you sitting comfortably?*

Hygiène et confort du patient

◆ Pour retrouver des forces, il ne faudra pas rester au lit toute la journée, mais vous lever et marcher dans la chambre / autour du lit.
⇒ *If you want to get your strength back you mustn't stay in bed all day – you need to get up and walk around the room / the bed.*

◆ Demain, vous pourrez marcher dans le couloir.
⇒ *Tomorrow you'll be able to walk up and down the corridor.*

◆ Je vais vous donner le bras pour que vous puissiez marcher.
⇒ *I'll prop you up with my arm.*

◆ Comment vous sentez-vous ?
⇒ *How do you feel?*

◦ *I'm fine.*	⇒ Tout va bien.
◦ *I feel dizzy.*	⇒ J'ai la tête qui tourne.
◦ *I'm aching.*	⇒ J'ai mal.

◆ Aidez-vous du trapèze pour vous remonter dans le lit.
⇒ *Try to sit up a bit using the traction bar.*

◆ Prenez appui sur vos talons, penchez la tête en avant, soulevez les fesses. Je compte jusqu'à trois : un, deux, trois.
⇒ *Lean on your heels, bend your head forward, and raise your bottom. I'll count to three – one, two, three.*

◆ Voulez-vous que je remonte ou que je baisse la tête du lit ?
⇒ *Do you want me to move the bedrest up or down?*

◆ Voulez-vous un autre oreiller ou une autre couverture ?
⇒ *Do you want another pillow or some more blankets?*

♦ Je vais vous aider à changer de position. C'est important pour empêcher la formation d'escarres.
⇒ *I'm going to help you change position. It's important to do this to prevent bedsores.*

♦ Je vais vous soulever / vous changer de côté / vous mettre sur le côté gauche / droit.
⇒ *I'm going to lift you up / turn you over / turn you onto your left / right side.*

♦ Je vais surélever vos pieds, ce qui facilitera la circulation.
⇒ *I'm going to prop your feet up, to make the blood flow better.*

♦ Avez-vous trop froid ou trop chaud ?
⇒ *Are you too cold or too hot?*

7. HABILLER LE PATIENT

♦ Pouvez-vous vous habiller seul ou voulez-vous que je vous aide ?
⇒ *Can you get dressed on your own, or do you need a hand?*

◊ *I can't get ... on. / off.* ⇒ Je n'arrive pas à mettre / à enlever…

- *my vest.* ⇒ mon maillot de corps.
- *my pyjama top.* ⇒ ma veste de pyjama.
- *my trousers.* ⇒ mon pantalon.
- *my socks.* ⇒ mes chaussettes.

◊ *I can't do my shoelaces up.*
⇒ Je n'arrive pas à lacer mes chaussures.

◊ *I can't do my buttons up.*
⇒ Je ne peux pas boutonner mes vêtements.

◊ *I can't do up / undo my zip. It's stuck.*
⇒ Je ne peux pas fermer / ouvrir ma fermeture éclair. Elle est coincée.

◊ *I can't get my head through the top of my dress.*
⇒ Je n'arrive pas à passer la tête dans l'encolure de ma robe.

♦ Je vais vous habiller.
⇒ *I'm going to dress you.*

♦ Je vais vous aider à vous boutonner.
⇒ *I'll do up the buttons for you.*

♦ Je glisse une jambe dans le pantalon, puis l'autre.
⇒ *I'll slip the trouser legs on one by one.*

◊ *I'd like some clean underwear. Could you give me...*
⇒ J'aimerais changer de sous-vêtement. Pourriez-vous me passer...

○ *my pants?*	⇒	mon slip ?
○ *my vest?*	⇒	mon maillot de corps ?
○ *my bra?*	⇒	mon soutien-gorge ?
○ *my blouse?*	⇒	mon chemisier ?
○ *my nightdress?*	⇒	ma chemise de nuit ?
○ *my pyjamas?*	⇒	mon pyjama ?

♦ Vos sous-vêtements de rechange sont-ils dans l'armoire / le placard ou dans votre valise ?
⇒ *Is your clean underwear in the wardrobe / the locker or in your suitcase?*

8. FAIRE ET CHANGER LE LIT

♦ Je vais faire le lit. Pouvez-vous vous lever / vous asseoir ?
⇒ *I'm going to make your bed. Could you get up / sit up?*

◊ *I've wet the bed. Could you change the sheets?*
⇒ J'ai mouillé mon lit. Pouvez-vous changer les draps ?

- Je vais le faire, mais j'ai besoin d'aide. ⇒ *Yes, but I'll need someone to help me.*

◊ *I need a new pad.*
⇒ J'ai besoin d'une autre protection (= d'une autre couche).

♦ Je vais vous mettre une alèse.
⇒ *I'm going to give you a waterproof undersheet.*

9. Sommeil

♦ Avez-vous bien dormi ?
⇒ *Did you sleep well?*

- *Very well, thank you.* ⇒ Très bien, merci.
- *On and off.* ⇒ Seulement un peu.
- *I didn't sleep a wink.* ⇒ Je n'ai pas fermé l'œil de la nuit.
- *I couldn't sleep because my neighbour kept snoring.* ⇒ Je n'ai pas pu dormir car mon voisin / ma voisine n'a cessé de ronfler.
- *I couldn't sleep because of the noise in the corridor.* ⇒ Je n'ai pas pu dormir car il y a eu du bruit dans le couloir.
- *I couldn't sleep because I was in pain.* ⇒ Je n'ai pas pu dormir car j'ai eu mal.

10. Alimentation

◊ *When are mealtimes?*
⇒ Quelles sont les heures des repas ?

◊ *Do you know what's for lunch / for dinner?*
⇒ Savez-vous ce qu'on mange à midi / ce soir ?

◊ *I'd like something to eat.*
⇒ Je voudrais manger.

♦ Avez-vous un régime alimentaire particulier ?
⇒ *Are you on any special diet?*

- *I'm on a salt-free diet.* ⇒ Je fais un régime sans sel.
- *I'm on a sugar-free diet.* ⇒ Je fais un régime sans sucre.
- *I'm on a fat-free diet.* ⇒ Je fais un régime sans graisses.
- *I'm on a low-fat diet.* ⇒ Je fais un régime à faible teneur en matières grasses.
- *I'm on a high iron diet.* ⇒ Je suis un régime à haute teneur en fer.
- *I'm on a bland diet (for an ulcer).* ⇒ Je suis un régime antiacide (pour un ulcère).
- *I'm a vegetarian.* ⇒ Je suis végétarien.
- *I don't eat pork as I'm a Moslem.* ⇒ Je ne mange pas de porc car je suis musulman.
- *As I'm Jewish, I only eat kosher meat.* ⇒ Je suis juif et je mange donc de la viande kascher.
- *I'm on a diet for my liver.* ⇒ Je suis un régime hépatique.
- *I'm on a diet for diabetes.* ⇒ Je suis un régime diabétique.
- *I don't drink tea / coffee as it keeps me awake at night.* ⇒ Je ne prends pas de thé / de café car cela m'empêche de dormir la nuit.

♦ Voulez-vous à manger / à boire ?
⇒ *Would you like something to eat / to drink?*

- *Yes, please.* ⇒ Oui, je vous remercie.
- *No thanks, I'm not hungry / thirsty.* ⇒ Non merci, je n'ai pas faim / soif.

♦ Ce médicament est / Ces comprimés sont à prendre pendant les repas / avant les repas / après les repas.
⇒ *This medicine / These tablets should be taken with meals / before meals / after meals.*

♦ Bon appétit.
⇒ *Enjoy your meal.*

♦ Avez-vous fini de manger ?
⇒ *Have you finished your meal?*

♦ Vous ne voulez pas finir votre repas ?
⇒ *Aren't you going to finish your meal?*

♦ Avez-vous bien mangé ? / Avez-vous eu assez à manger ?
⇒ *Did you enjoy your meal? / Did you have enough to eat?*

- *It was very nice.* ⇒ J'ai fait un bon repas.
- *The food is nice here, but it's always cold.* ⇒ La nourriture est bonne, mais toujours froide.
- *I didn't have enough to eat.* ⇒ Je n'ai pas assez mangé.
- *It wasn't very nice.* ⇒ Je n'ai pas très bien mangé.

♦ Vous devez manger pour reprendre des forces.
⇒ *You must eat to get your strength back.*

♦ Si la nourriture ne vous convient pas, je peux prévenir le diététicien / la diététicienne, qui viendra vous voir.
⇒ *If the food doesn't agree with you, I'll ask the dietician to come and see you.*

DEUXIÈME PARTIE

Orientations pathologiques

Chirurgie orthopédique
(fractures, plâtres, rééducation)

1. INTERROGATOIRE, EXAMEN ET DIAGNOSTIC

A. INTERROGATOIRE ET EXAMEN

◆ Que vous est-il arrivé ?
⇒ *What happened?*

- *I was punched / kicked.* ⇒ J'ai reçu un coup / des coups de poing / de pied.
- *I twisted my ankle / my foot / my wrist.* ⇒ Je me suis tordu la cheville / le pied / le poignet.
- *I was knocked over.* ⇒ J'ai été heurté par un véhicule.
- *I was involved in a car accident.* ⇒ J'ai eu un accident de voiture.
- *I fell over skiing.* ⇒ J'ai fait une chute de ski.
- *I fell off my bike / my motorbike / a horse.* ⇒ J'ai fait une chute de vélo / de moto / de cheval.
- *I fell off a roof / a wall / a rock / a ladder / from a tree.* ⇒ Je suis tombé d'un toit / d'un mur / d'un rocher / d'une échelle / d'un arbre.
- *I fell downstairs / down a hole.* ⇒ Je suis tombé dans un escalier / dans un trou.

◆ Pouvez-vous me dire de combien de mètres vous êtes tombé ?
⇒ *Can you tell me how far you fell?*

- *I fell down onto the ground.* ⇒ De ma hauteur.
- *I couldn't say exactly – three yards or so.* ⇒ Je ne sais pas exactement. À peu près trois mètres.

- Montrez-moi où vous avez mal.
⇒ *Show me where it hurts.*

- Parvenez-vous à bouger... ⇒ *Can you move...*
  - la tête / le cou ? ⇒ *your head / your neck?*
  - le bras / l'avant-bras ? ⇒ *your arm / your forearm?*
  - l'épaule / le dos ? ⇒ *your shoulder / your back?*
  - le coude / le poignet ? ⇒ *your elbow / your wrist?*
  - les doigts ? ⇒ *your fingers?*
  - le bassin / la jambe ? ⇒ *your pelvis / your leg?*
  - le genou / la cheville ? ⇒ *your knee / your ankle?*
  - le pied / les orteils ? ⇒ *your foot / your toes?*

- Si je force un peu, cela fait-il mal ?
⇒ *Does it hurt if I pull it a bit?*

- Avez-vous mal quand vous bougez cette articulation ?
⇒ *Does it hurt when you move this joint?*

- Avez-vous déjà eu des problèmes articulaires ?
⇒ *Have you had any problems with your joints before?*

- Il faut faire une radiographie.
⇒ *You need to have an X-ray.*

B. DIAGNOSTIC ET EXPLICATIONS

- C'est grave. / Ce n'est pas grave.
⇒ *It's not too good. / It's not serious.*

- C'est... ⇒ *You have...*
  - une luxation. ⇒ *dislocated a muscle.*
  - une entorse / une foulure. ⇒ *sprained a muscle.*
  - une tendinite (= l'inflammation d'un tendon). ⇒ *tendinitis (= an inflamed tendon).*

- une rupture des tendons. ⇒ *ruptured a tendon.*
- un arrachement ligamentaire. ⇒ *torn a ligament.*
- un claquage musculaire. ⇒ *strained a muscle.*
- un œdème. ⇒ *swelling.*
- une phlébite. ⇒ *an inflamed vein.*

♦ Vous avez une fracture... ⇒ *You have fractured...*
- de la clavicule. ⇒ *your collar-bone.*
- du bras / du coude. ⇒ *your arm / your elbow.*
- du poignet / du doigt. ⇒ *your wrist / your finger.*
- de la jambe / du pied. ⇒ *your leg / your foot.*

♦ Il s'agit d'une fracture simple / fermée (sans déplacement des os).
⇒ *It is a simple / closed fracture (no bones have been dislocated).*

♦ Il s'agit d'une fracture ouverte (en communication avec une plaie cutanée).
⇒ *It is a compound fracture (communicating with an open wound).*

♦ Vous avez des fractures multiples (l'os est cassé en plusieurs morceaux).
⇒ *You have a multiple fracture (the bone has broken into several pieces).*

♦ Vous avez une fracture de la colonne vertébrale au niveau des cervicales / des dorsales / des lombaires.
⇒ *You have fractured the cervical / dorsal / lumbar vertebras in your spinal column.*

♦ La moelle épinière n'a pas été atteinte.
⇒ *The spinal cord has not been affected.*

♦ Votre doigt est foulé. Il faut porter une attelle.

⇒ *You have a sprained finger. You need to have a splint put on it.*

♦ Nous allons / Je vais vous poser une attelle en plâtre / en métal / en plastique.
⇒ *We're going / I'm going to put a plaster / metal / plastic splint on.*

♦ Vous devez revenir faire une radio dans … semaines.
⇒ *You'll need to come back for an X-ray in … weeks' time.*

♦ Il faut réduire votre fracture (c'est-à-dire remettre vos os en place) avant de poser un plâtre. Cela va se faire en salle d'opération, sous anesthésie générale.
⇒ *The fracture has to be reduced (in other words, your bones have to be put back in place) before we can put it in plaster. This will be done in the operating theatre under general anaesthetic.*

♦ Pour le moment il faut poser une traction externe (c'est-à-dire passer une tige de métal dans l'os et assurer une traction avec des poids pour que les parties fracturées des os se consolident en restant alignées).
⇒ *For the time being, your bone needs an outer traction (which means we need to run a metal shaft through the bone and exert a traction with weights in order to strengthen the fractured bone fragments and keep them lined up).*

♦ Quand les fragments seront consolidés nous remplacerons la traction par un plâtre.
⇒ *When the fragments have mended, we'll remove the traction and put the limb in plaster.*

♦ Il faut opérer cette fracture et assurer une fixation par un clou / par une tige / par une plaque et des vis.

⇒ *Your fracture needs to be operated on. The bones will be kept in place using a pin / a shaft / a plate and screws.*

◊ *How long will I have to stay in bed?*
⇒ Combien de temps devrai-je rester allongé ?
- Quelques semaines. ⇒ *A few weeks.*

♦ Il faut poser une prothèse de hanche.
⇒ *You need to have a hip replacement.*

♦ Votre genou est bloqué... ⇒ *You can't move your knee...*
- car la rotule est fracturée. ⇒ *because you've fractured your kneecap.*
- car les ménisques sont abîmés. ⇒ *because your meniscuses are damaged.*
- car des ligaments sont rompus. ⇒ *because you have torn several ligaments.*

♦ La continuité des tendons est rompue. Il faut les suturer bout à bout.
⇒ *The ruptured tendons must be stitched together from end to end.*

♦ On doit procéder à une amputation du bras / de la jambe.
⇒ *You need to have your arm / your leg amputated.*

♦ Je vais vous piquer avec une épingle. Sentez-vous la piqûre ?
⇒ *I'm going to prick you with a pin. Can you feel it?*

♦ Il y a paralysie.
⇒ *It's paralysed.*

♦ C'est… ⇒ *You have…*

- une tétraplégie (les quatre membres sont paralysés). ⇒ *quadriplegia (i.e. paralysis of all four limbs).*
- une paraplégie (la partie inférieure du corps est paralysée). ⇒ *paraplegia (i.e. paralysis of the lower half of your body).*
- une hémiplégie (un côté du corps est paralysé). ⇒ *hemiplegia (i.e. paralysis of one side of your body).*

♦ La personne va être transférée / Vous allez être transféré dans le service de neuro-chirurgie.
⇒ *The patient is going to be transferred / You are going to be transferred to the neurosurgery department.*

2. PLÂTRES (POSE ET SUIVI)

♦ Il faut vous mettre un plâtre / une résine (pour que les os se ressoudent / pour assurer la consolidation des os fracturés et des ligaments déchirés).
⇒ *We're going to have to put it in plaster / in resin (to help the bones knit together / to make sure the broken bones and torn ligaments mend).*

◊ *How long will I have to keep the plaster on?*
⇒ Combien de temps devrai-je garder ce plâtre ?

- Une dizaine de jours. ⇒ *Ten days or so.*
- Une quinzaine de jours. ⇒ *About two weeks.*
- Trois semaines. ⇒ *Three weeks.*

♦ Je vais vous conduire en salle de plâtre.
⇒ *I'm going to take you to the plaster room.*

♦ Je dois vous enlever vos bagues car vos doigts risquent d'enfler.

⇒ *I'm going to take your rings off, as your fingers may swell up.*

♦ Je vais vous soulever le pied et passer cette bande de plâtre autour du talon.
⇒ *I'm going to raise your foot and tie the plaster bandage round your heel.*

♦ Est-ce que le plâtre est trop serré ? Pouvez-vous bouger les doigts et les orteils ?
⇒ *Is the plaster too tight? Can you move your fingers and toes?*

◊ *Will I be able to walk with my leg in a cast?*
⇒ Pourrai-je marcher avec le plâtre ?

- Oui, mais avec des béquilles et à condition de ne pas poser le talon sur le sol. ⇒ *Yes, provided you use crutches and don't put your heel on the floor.*
- Oui, la talonnette placée sous le plâtre vous permet de poser le pied par terre, mais vous ne devez pas prendre appui sur lui. ⇒ *Yes, as you have a walking heel you can put your foot on the floor, but you mustn't put any weight on it.*

♦ Pendant que vous aurez votre plâtre, il vous faudra marcher... ⇒ *While your leg is in plaster, you'll have to walk...*

- avec une canne. ⇒ *with a stick.*
- avec des béquilles. ⇒ *with crutches.*
- avec des cannes d'avant-bras (= des cannes anglaises). ⇒ *with forearm crutches.*
- avec une canne tripode. ⇒ *with a tripod stick.*
- avec un cadre de marche. ⇒ *with a walking frame.*

♦ Les cannes / Les cadres de marche se louent ou s'achètent dans les pharmacies. Le médecin va vous faire / Je vais vous faire une ordonnance pour cela.
⇒ *Walking sticks / frames can be rented or bought from a chemist's. The doctor will / I will write you out a prescription.*

♦ Il vous faut prendre rendez-vous / Je vais vous donner rendez-vous pour faire enlever votre plâtre.
⇒ *You need to make an appointment / I'm going to give you an appointment to have your plaster removed.*

♦ Apportez vos radios avec vous quand vous reviendrez en consultation.
⇒ *Bring your X-rays with you when you come back here.*

3. FICHE POUR LES PLÂTRES

♦ À FAIRE
- Bien laisser sécher le plâtre (pendant environ 48 heures).
- Maintenir le membre plâtré surélevé.
- Porter le bras en écharpe.
- Faire travailler régulièrement les doigts / les orteils.
- Rester le plus possible assis, en gardant la jambe à l'horizontale et surélevée.
- Au lit, utiliser un coussin pour surélever la main par rapport au coude.
- Surélever le pied du matelas ou du lit.
- Prévenir un médecin ou retourner immédiatement à l'hôpital...
    • si le plâtre se casse ;
    • en cas de douleurs sous le plâtre ;
    • si l'extrémité du membre enfle, si elle devient froide, blanche, violette ou insensible ;
    • si une odeur nauséabonde se dégage du plâtre.

⇒ *Do*
- *Give the plaster time to dry completely (this will take about 48 hours).*
- *Keep the plastered limb raised.*
- *Keep your arm in a sling.*
- *Exercise your fingers / toes regularly.*
- *Sit down whenever possible, with your leg stretched out and raised.*
- *When in bed, rest your hand on a pillow to keep it above the level of your elbow.*
- *Raise the foot of your mattress or bed.*
- *Tell your doctor or return at once to hospital...*
    - *if the cast breaks;*
    - *if it becomes sore under the cast;*
    - *if your fingers or toes swell up or become cold, white, bluish or numb;*
    - *if you notice an unpleasant smell coming from your plaster.*

◆ À NE PAS FAIRE
- Ne pas couvrir le plâtre pendant les 48 premières heures, ce qui l'empêcherait de sécher complètement.
- Ne pas mouiller le plâtre ;
- Ne pas marcher avec le plâtre, sauf si l'appui a été autorisé par le médecin.
- Ne pas introduire une aiguille ou un autre objet sous le plâtre ;
- Ne pas laisser pendre le membre plâtré.

⇒ *Don't*
- *Don't cover the plaster for the next 48 hours, otherwise it won't dry properly.*
- *Don't get the plaster wet.*
- *Don't walk with your leg in plaster unless the doctor has told you that you can put your weight on your foot.*
- *Don't poke a needle or any other object down your plaster.*
- *Don't hang the plastered limb down.*

◊ *I got my plaster wet yesterday, and there has been an unpleasant smell coming from it since then.*
⇒ J'ai mouillé mon plâtre hier ; et depuis, il s'en dégage une mauvaise odeur.

◊ *My foot is swollen.*
⇒ Mon pied est enflé.

◊ *It itches / It hurts under the plaster.*
⇒ Cela me démange / Cela me fait mal sous le plâtre.

◊ *I fell down with my plaster on, and it has been hurting since then.*
⇒ Je suis tombé avec mon plâtre ; et depuis, cela me fait mal.

♦ Vos doigts sont œdématiés (gonflés). Votre plâtre doit être trop serré.
⇒ *Your fingers are swollen. The plaster must be too tight.*

♦ On va fendre / couper le plâtre. N'ayez pas peur : cette scie ne peut pas couper la peau.
⇒ *We're going to split / cut the plaster open. Don't worry – the saw won't cut your skin.*

♦ On va refaire votre plâtre.
⇒ *We're going to redo the plaster.*

4. KINÉSITHÉRAPIE

A. GÉNÉRALITÉS

♦ Le kinésithérapeute va venir s'occuper de vous.
⇒ *The physiotherapist will be along soon.*

♦ Il va vous aider à remarcher / à vous remuscler.
⇒ *He'll help you get used to walking again / build up your muscles again.*

Chirurgie orthopédique

♦ Il va vous apprendre à marcher avec des cannes / à utiliser un fauteuil roulant.
⇒ *He'll teach you how to walk with sticks / how to use a wheelchair.*

♦ Vous viendrez au service de rééducation...
⇒ *You will be coming to the physiotherapy department...*

- pour faire bouger vos articulations. ⇒ to practise moving your joints.
- pour des soins en piscine. ⇒ to exercise in the swimming-pool.
- pour des massages. ⇒ for massages.

B. FRACTURE, LUXATION, ENTORSE OU TRAUMATOLOGIE

♦ Faites une flexion (Pliez vos bras / vos jambes).
⇒ *Bend your arms / your legs.*

♦ Faites une extension (Allongez vos bras / vos jambes).
⇒ *Stretch your arms / your legs.*

♦ Faites une rotation (Pivotez).
⇒ *Turn round.*

♦ Faites une abduction (Écartez du corps votre bras / votre jambe).
⇒ *Pull your arm / your leg away from your body.*

♦ Faitesune adduction (Ramenez votre bras / votre jambe contre votre corps).
⇒ *Pull your arm / your leg back towards your body.*

♦ Dites si cela vous fait mal.
⇒ *Tell me if it hurts.*

♦ Inspirez. Expirez.
⇒ *Breathe in. Breathe out.*

◆ Levez / Baissez / Écartez / Pliez / Tendez / Redressez le bras / la jambe / le genou / la coude.
⇒ *Raise / Lower / Pull away / Bend / Stretch / Straighten your arm / leg / knee / elbow.*

◆ Serrez-moi les doigts de toutes vos forces.
⇒ *Grip my fingers as tight as you can.*

◆ Appuyez le genou le plus fort possible.
⇒ *Press your knee down as hard as you can.*

◆ Ne mettez pas vous-même vos bas / vos chaussettes ou vos chaussures. N'écartez pas la jambe.
⇒ *Don't put on your stockings / your socks or your shoes by yourself. Don't pull your leg away.*

C. SCIATIQUE OU CRURALGIE

◆ Avez-vous mal…
- à la fesse ? ⇒ *Is your bottom sore?*
- derrière le genou ? ⇒ *Does it hurt behind your knee?*
- au mollet ? ⇒ *Is your calf sore?*
- jusqu'aux orteils ? ⇒ *Does it hurt down to your toes?*

◆ C'est une sciatique.
⇒ *You have sciatica.*

◆ Avez-vous mal à la cuisse ?
⇒ *Is your thigh sore?*

◆ C'est une cruralgie.
⇒ *The pain is coming from a nerve in your thigh.*

D. Torticolis ou blocage vertébral

♦ Avez-vous mal le long du bras jusqu'aux doigts ?
⇒ *Does your arm hurt down to your fingers?*

♦ Avez-vous déjà eu mal au dos / dans le bas des reins / au cou ?
⇒ *Have you ever had backache / a pain in the small of your back / neck pains?*

♦ Avez-vous du mal à respirer ?
⇒ *Do you have difficulty breathing?*

♦ Pouvez-vous vous pencher en avant ?
⇒ *Can you bend forwards?*

♦ Pouvez-vous tourner la tête à droite / à gauche ?
⇒ *Can you turn your head to the right / to the left?*

♦ Pouvez-vous la pencher en avant / en arrière ?
⇒ *Can you bend it forwards / backwards?*

♦ Avez-vous pris froid au niveau du cou ?
⇒ *Have you got your neck cold?*

♦ Avez-vous conduit votre voiture la vitre ouverte ?
⇒ *Have you been driving with the window down?*

♦ Je vais vous masser.
⇒ *I'm going to give you a massage.*

♦ Allongez-vous... ⇒ *Lie down...*
- sur le dos / le ventre. ⇒ on your back / stomach.
- sur le côté droit / gauche. ⇒ on your right / left side.

♦ Respirez par la bouche / par le nez.
⇒ *Breathe through your mouth / through your nose.*

5. Soins infirmiers spécifiques

♦ Vous ne devez pas vous lever. / N'essayez pas de vous lever seul.
⇒ *You mustn't get out of bed. / Don't try to get out of bed on your own.*

◊ *Why not?*
⇒ Pourquoi ?

- Il est très important que vous restiez immobile pendant quelques jours afin d'obtenir le meilleur résultat possible.
⇒ *It's essential to remain still for a few days to give it time to mend properly.*

♦ Nous allons mettre un arceau de lit pour éviter que la couverture ne pèse sur vos jambes.
⇒ *We'll put a cradle on your bed to take the weight of the blanket off your legs.*

♦ Nous avons placé des sacs entre vos genoux et sur le côté de votre jambe. C'est pour empêcher une luxation.
⇒ *We've put some bags between your knees and alongside your leg in order to stop it becoming dislocated.*

♦ Une attelle immobilise votre bras / votre jambe.
⇒ *Your arm / Your leg is being held in place by a splint.*

♦ Si votre bras / votre jambe est installé(e) en hauteur sur un coussin, c'est pour atténuer la douleur et faciliter la circulation du sang.
⇒ *We have propped your arm / your leg up on a pillow to relieve the pain and keep the blood circulating properly.*

♦ Votre jambe est en traction pour permettre à la fracture de se réduire.

⇒ *An overhead traction is being used to help reduce the fracture.*

♦ Vous ne devez pas enlever ou faire enlever du poids, car celui-ci a été calculé en fonction de votre corpulence.
⇒ *You mustn't take off any of the weights or let anyone else do it, as they have been worked out according to your height and build.*

♦ Si vous avez besoin de quelque chose, n'hésitez pas à le demander. Utilisez la sonnette.
⇒ *If you need anything don't hesitate to ask. Just ring the bell.*

Pour les gestes techniques et les soins d'hygiène, voir chap. 7 et 8.

Chirurgie viscérale et gastro-entérologie 10

1. INTERROGATOIRE ET DIAGNOSTIC

♦ Qu'est-ce qui ne va pas ?
⇒ *What seems to be the problem?*

- *My belly is bloated.* ⇒ Mon ventre est ballonné.
- *I keep getting pains in my stomach / in my bowels.* ⇒ J'ai sans arrêt mal à l'estomac / au ventre.
- *My pelvic area hurts.* ⇒ J'ai mal au bas-ventre.
- *I have backache.* ⇒ J'ai mal aux reins.
- *I'm having trouble with my kidneys.* ⇒ Je souffre de troubles rénaux.
- *I keep burping.* ⇒ J'ai constamment des renvois.
- *It hurts when I swallow.* ⇒ Cela me fait mal quand j'avale.

♦ Avez-vous perdu l'appétit ?
⇒ *Have you lost your appetite?*

♦ Avez-vous vomi ? Combien de fois ? Depuis quand ?
⇒ *Have you been bringing up your food? How often? How long have you been doing this for?*

- *I've been vomiting since this morning / for the last few days.* ⇒ Je vomis depuis ce matin / depuis plusieurs jours.
- *I can't keep anything down and I'm very thirsty.* ⇒ Je ne garde rien et j'ai très soif.

♦ Que vomissez-vous ?
⇒ *What have you been bringing up?*

- *Digested / Undigested food.* ⇒ Des aliments digérés / non digérés.
- *Bile.* ⇒ De la bile.
- *Blood.* ⇒ Du sang.

♦ Avez-vous la diarrhée ? Depuis quand ?
⇒ *Do you have diarrhoea? How long have you had it?*

- *Yes, for ... days.* ⇒ Oui, depuis ... jours.
- *My motions were soft for ... days, but today they have become liquid.* ⇒ Pendant ... jours j'ai eu des selles molles ; et elles sont devenues liquides aujourd'hui.

Pour la fréquence et la description des selles, voir chap. 3, pp. 51-52.

♦ Êtes-vous constipé ? Avez-vous des gaz ?
⇒ *Are you constipated? Have you been breaking wind?*

- *I've not opened my bowels for ... days.* ⇒ Je ne suis pas allé à la selle depuis ... jours.
- *I've not been / I've been breaking a lot of wind.* ⇒ Je n'ai pas / J'ai beaucoup de gaz.

♦ Est-ce que l'émission de gaz vous soulage ?
⇒ *Does breaking wind make you feel better?*

♦ Prenez-vous des laxatifs ou d'autres produits pour aller à la selle ? Lesquels ? Avec quelle fréquence ?
⇒ *Do you take laxatives or anything else to have a bowel movement? What, and how often?*

- *I take tablets / I drink herbal tea ... times a day / a week.* ⇒ Je prends des comprimés / une tisane ... fois par jour / par semaine.

♦ Avez-vous mal ? Montrez-moi à quel endroit.
⇒ *Are you in pain? Show me where it hurts.*

♦ Depuis quand avez-vous mal ?
⇒ *How long has it been hurting?*

> Pour la description de la douleur, voir chap. 3, pp. 42-43.

♦ Qu'est-ce qui permet habituellement de calmer cette douleur ?
⇒ *What usually helps relieve the pain?*

- *Painkillers.* ⇒ Des analgésiques.
- *Milk of magnesium.* ⇒ Des antiacides.
- *Milk (or any other food).* ⇒ Du lait (ou tout autre aliment).
- *Having a bowel movement.* ⇒ Aller à la selle.
- *Vomiting.* ⇒ Vomir.
- *Burping.* ⇒ Faire des rots.
- *Lying flat on my stomach.* ⇒ Rester allongé sur le ventre.
- *Lying curled up in a ball.* ⇒ Rester couché en chien de fusil.
- *Rolling from side to side.* ⇒ Me rouler de chaque côté.
- *Putting a hot-water bottle / ice cubes on my belly* ⇒ Mettre sur le ventre une bouillotte / de la glace.

♦ Avez-vous maigri ou pris du poids ces derniers temps ?
⇒ *Have you lost or put on any weight lately?*

- *I've lost / put on ... stone.* ⇒ J'ai perdu / pris ... « stone ».

> Pour convertir les « stone » en kilos, multiplier par 6.

♦ Nous pensons qu'il s'agit d'une crise d'appendicite / d'une appendicite aiguë. Nous allons d'abord faire une analyse de sang pour connaître le nombre de globules blancs. Si celui-ci est élevé, il faudra vous opérer.

⇒ *We think you have appendicitis / acute appendicitis. We'll do a blood test first to check your white cell count. If it is high you'll need surgery.*

♦ Nous pensons qu'il s'agit d'une occlusion intestinale (c'est-à-dire que les matières fécales ne peuvent plus être évacuées). Nous allons vous faire des radiographies de l'abdomen et poser une sonde gastrique pour vider votre estomac et vous soulager.
⇒ *We think you have obstruction of the bowels (i.e. your motions aren't being evacuated properly). We're just going to X-ray your stomach and insert a catheter to empty your stomach and relieve you.*

♦ Il ne semble pas y avoir d'urgence chirurgicale, car il s'agit seulement… ⇒ *We probably won't need to operate straight away, as it's only…*

- de spasmes nerveux de l'intestin.
⇒ *nervous spasms of the bowel.*
- d'une colite (c'est-à-dire d'une inflammation du côlon).
⇒ *colitis (i.e. inflammation of the bowels).*

♦ D'après la radiographie / l'échographie, votre vésicule biliaire est bouchée / encombrée par des calculs / de la boue.
⇒ *The X-ray / The ultrasound scan shows that your gall bladder is clogged up / obstructed by stones / some sludge.*

♦ Avez-vous des brûlures d'estomac avant, pendant ou après le repas ?
⇒ *Do you get heartburn before, during or after meals?*

- ○ *It hurts before I eat, but feels better afterwards.*
⇒ J'ai mal avant le repas ; et quand je mange, cela me soulage.
- ○ *It starts to hurt about half an hour after I've eaten.*
⇒ J'ai mal environ une demi-heure après le repas.

Chirurgie viscérale et gastro-entérologie

♦ Nous suspectons… ⇒ *We suspect that you have…*
- un ulcère à l'estomac. ⇒ *a stomach ulcer.*
- un ulcère au duodénum. ⇒ *a duodenal ulcer.*
- une gastrite. ⇒ *gastritis.*
- une hernie hiatale. ⇒ *a hiatus hernia.*

♦ Il faut effectuer une gastroscopie (c'est-à-dire faire passer un endoscope par la gorge, puis par l'œsophage, afin d'examiner l'intérieur de votre estomac).
⇒ *We need to do gastroscopy (i.e. insert an endoscope into your throat, and then into your gullet, to look at your stomach lining).*

♦ Rassurez-vous : cela va être assez désagréable et provoquer quelques nausées, mais si vous respirez calmement ce ne sera pas vraiment douloureux.
⇒ *Don't worry – it's not very pleasant, and it will make you feel a bit sick, but it won't hurt much if you breathe slowly.*

♦ Auparavant je vais mettre un peu de gel anesthésiant. Cela facilitera l'introduction du tube.
⇒ *Before I do this, I'm going to apply some anaesthetic gel. This will make it easier to insert the tube.*

♦ Êtes-vous bien à jeun, c'est-à-dire y a-t-il au moins huit heures que vous n'avez ni bu ni mangé ?
⇒ *Are you sure you've had nothing to eat or drink for the last eight hours at least?*

♦ Quand avez-vous mangé pour la dernière fois ?
⇒ *When was your last meal?*

- *This morning. / Lunchtime. / This evening. / About three hours ago.* ⇒ Ce matin. / À midi. / Ce soir. / Il y a environ trois heures.

♦ Depuis quand avez-vous le teint et les yeux jaunes ?
⇒ *How long have your skin and eyes been yellow?*

- *For ... days.* ⇒ Depuis ... jours.

♦ Avez-vous des démangeaisons ?
⇒ *Does it itch?*

♦ Vos urines sont-elles foncées ?
⇒ *Is your urine brown?*

- *Yes, it's almost orange.* ⇒ Oui, elles sont presque orange.
- *Yes, it's tea-coloured.* ⇒ Oui, elles sont couleur de thé.

♦ Vos selles sont-elles décolorées ?
⇒ *Are your motions discoloured?*

- *They're sand-coloured / putty-like.* ⇒ Elles sont couleur sable / couleur mastic.

♦ Mangez-vous souvent des coquillages ?
⇒ *Do you often eat shellfish?*

♦ Êtes-vous allé à l'étranger dans l'année qui vient de s'écouler, notamment en Afrique, en Asie (en Inde) ou en Amérique du Sud ?
⇒ *Have you been abroad in the past year, particularly to Africa, Asia (India) or South America?*

♦ Nous suspectons... ⇒ *We suspect you have...*
- une hépatite virale. ⇒ *viral hepatitis.*
- une pancréatite aiguë. ⇒ *acute pancratitis.*

♦ Avez-vous remarqué du sang dans vos selles ? Sont-elles noires ?
⇒ *Have you noticed any blood in your motions? Are they black?*

Chirurgie viscérale et gastro-entérologie

♦ Nous allons faire une laparoscopie. Cela consiste à pratiquer quelques incisions et à insuffler du gaz dans l'abdomen afin d'observer l'intérieur avec une caméra.
⇒ *We're just going to do laparoscopy. This involves making a few incisions and pumping some gas into your abdomen to look inside with a camera.*

♦ Nous devons pratiquer une intervention chirurgicale pour vous soulager.
⇒ *We're going to have to operate to relieve the pain.*

♦ Nous allons faire une colostomie (c'est-à-dire aboucher à la peau de l'abdomen le côlon, qui jouera ainsi le rôle d'un anus et sera appareillé avec une poche). Ce sera définitif. / Ce ne sera que temporaire.
⇒ *We're going to perform a colostomy (i.e. form an opening from the bowels to the abdomen, which will allow you to have a bowel movement and will have a bag attached). You will have to keep this on indefinitely. / This is only a temporary measure.*

2. SOINS INFIRMIERS SPÉCIFIQUES

♦ Votre côlon doit être parfaitement propre afin que l'examen / l'opération se déroule sans problème.
⇒ *Your bowels need to be perfectly clean to allow us to carry out the test / the operation safely.*

♦ Vous allez donc boire ce produit, qui va provoquer une diarrhée. Il n'est pas très bon, mais vous devez tout boire.
⇒ *So, you'll have to drink this liquid, which will give you diarrhoea. It's not very nice, but you must drink it up.*

♦ Vous devez faire un lavement (c'est-à-dire introduire dans le rectum un liquide afin de nettoyer votre intestin).

⇒ *You must give yourself an enema (i.e. introduce a liquid substance into your back passage to flush out the bowels).*

♦ Pour cela, vous enlèverez le bouchon, vous introduirez doucement la canule dans le rectum et vous presserez le tube afin que le contenu aille dans votre intestin.
⇒ *To do this, remove the cap, gently insert the tube into your back passage and squeeze the contents into your bowels.*

♦ Vous aurez un peu mal au ventre et envie d'aller à la selle. Patientez le plus possible avant de vous y rendre.
⇒ *It will cause some pain in your bowels and you'll want to open them. Hold on for as long as you can before doing this.*

♦ Je vais vous faire un lavement. Couchez-vous sur le côté droit / gauche.
⇒ *I'm going to flush out your bowels. Could you lie on your right / left side?*

♦ Je vais lubrifier la canule et l'introduire dans votre rectum.
⇒ *I'm going to lubricate the rectal tube and insert it into your back passage.*

♦ Maintenant je vais relier la canule à cette poche / à ce bock, que je vais remplir de liquide.
⇒ *Now I'm going to connect the tube to this bag / this irrigator box, which I'll fill with liquid.*

♦ Voilà, c'est fini. Essayez de garder le liquide plus de dix minutes. Je vais vous installer un bassin. Quand vous aurez fini, appuyez sur la sonnette pour appeler.
⇒ *Good, it's over now. Try to hold on to the liquid for at least ten minutes. I'm going to put you on a bedpan. Ring for me when you've finished.*

Anesthésie et réanimation

1. INTERROGATOIRE PRÉ-ANESTHÉSIQUE

♦ Bonjour. Je suis… ⇒ *Good morning. / Good afternoon. / Good evening. I'm…*

- l'anesthésiste-réanimateur. ⇒ *the anaesthetist.*
- l'aide-anesthésiste. ⇒ *the assistant anaesthetist.*

♦ Avez-vous déjà eu des anesthésies générales ? Les avez-vous bien supportées ?
⇒ *Have you had a general anaesthetic before? Were there any after-effects?*

- *No, never.* ⇒ Non, jamais.
- *I had an anaesthetic once, but I can't remember whether there were any after-effects or not.* ⇒ J'ai eu une anesthésie, mais je ne me rappelle pas s'il y a eu alors des problèmes.

♦ Portez-vous une prothèse dentaire ou un dentier, des bridges ou des dents sur pivot ?
⇒ *Do you have any false teeth, dentures, bridges or teeth which have been screwed in?*

♦ Vos dents sont-elles en bon ou en mauvais état ?
⇒ *Are your teeth good or bad?*

♦ Prenez-vous en ce moment des médicaments ?
⇒ *Are you on any tablets at the moment?*

Pour les médicaments, voir chap. 2, pp. 38-39.

♦ Prenez-vous de la drogue ? Cela restera strictement confidentiel, mais il est très important que nous le sachions avant de pratiquer une anesthésie générale.
⇒ *Are you taking drugs at the moment? This will remain strictly confidential, but we must know before giving you a general anaesthetic.*

- *Yes, I often smoke haschish.* ⇒ Oui, je fume souvent du hachisch.
- *Yes, I'm on heroin / crack / amphetamine.* ⇒ Oui, je prends de l'héroïne / du crack / des amphétamines.

♦ Fumez-vous des cigarettes ? Depuis combien de temps et en quelle quantité ?
⇒ *Do you smoke? Since when and how many a day?*

- *Yes, I've been on ... packets a day for ... years.* ⇒ Oui, ... paquets par jour depuis ... ans.

Pour le tabac, voir chap. 13, p. 170.

♦ Êtes-vous atteint de bronchite chronique ?
⇒ *Do you suffer from chronic bronchitis?*

- *I cough a lot in winter.* ⇒ Je tousse beaucoup en hiver.

♦ Êtes-vous allergique à quelque chose ?
⇒ *Are you allergic to anything?*

Pour les antécédents allergiques, voir chap. 2, pp. 36-37.

♦ Je vais / Nous allons vous endormir... ⇒ *I'll / We'll put you to sleep...*

- tout à l'heure. ⇒ *in a moment.*
- ce soir / demain matin. ⇒ *tonight / tomorrow morning.*
- après-demain. ⇒ *the day after tomorrow.*

♦ Afin de vous préparer à l'anesthésie, vous aurez une prémédication, c'est-à-dire une injection qui sera faite / un comprimé à prendre à peu près une heure avant votre venue au bloc opératoire.

⇒ *To prepare you for the anaesthetic, we're going to give you a premed, i.e. an injection / a tablet to be taken about an hour before you go to the operating theatre.*

♦ Il vous faudra être à jeun, c'est-à-dire ne rien avoir mangé, bu et fumé huit heures avant l'intervention.

⇒ *You must not eat, drink or smoke for eight hours before the operation.*

♦ Je vais / Vous allez raser la partie du corps concernée par l'opération.

⇒ *I'll / You'll have to shave the part of the body which is going to be operated on.*

♦ Un brancardier va vous emmener dans la salle d'opération sur un chariot.

⇒ *A porter will wheel you into the operating theatre.*

2. AU BLOC OPÉRATOIRE

A. INDUCTION

♦ Cette injection va vous faire dormir.
⇒ *This injection will put you to sleep.*

♦ Je vais vous mettre sous perfusion afin de pouvoir injecter les produits qui vont vous endormir.

⇒ *I'm going to put you on a drip in order to inject you with the drugs which will put you to sleep.*

♦ Je vous attache le bras. Je vais prendre votre tension artérielle.

⇒ *I'm going to put a cuff around your arm and take your blood pressure.*

♦ Je vais coller des pastilles sur votre torse afin de le connecter à un appareil qui va surveiller votre rythme cardiaque.
⇒ *I'm going to put some stickers on your chest to connect you to a heart monitor.*

♦ Ne touchez pas ce champ opératoire : il doit rester stérile.
⇒ *Don't touch this green sheet (which will be put on the operating area), as it must remain sterile.*

♦ Je vais vous administrer de l'oxygène avec ce masque. Respirez bien fort.
⇒ *I'm going to give you some oxygen using this mask. Take a deep breath.*

○ *It smells, and I'm afraid I won't come round afterwards.*	⇒ Cela sent mauvais. J'ai peur de ne pas me réveiller.

♦ Respirez calmement. Tout va bien se passer.
⇒ *Just breathe slowly. Everything will be all right.*

♦ Comptez jusqu'à 10. / Pensez à quelque chose d'agréable.
⇒ *Count to 10. / Think of something nice.*

B. ANESTHÉSIE LOCALE

♦ Nous allons vous faire une anesthésie locale. Vous serez conscient mais vous ne sentirez rien.
⇒ *We're going to give you a local anaesthetic. You will remain awake but you won't feel anything.*

♦ Nous allons faire une péridurale (c'est-à-dire injecter un produit anesthésique en passant entre deux vertèbres). Vous n'aurez plus de sensibilité à partir du nombril, mais elle reviendra progressivement après l'intervention. Certaines personnes ont alors parfois des maux de tête, mais tout rentre dans l'ordre au bout de quelques heures.
⇒ *We're going to give you an epidural anaesthetic (i.e. we'll inject anaesthetic through the space between two vertebras). You'll go numb below the navel, but this will wear off gradually after the operation. Some people do get headaches then, but everything will be back to normal within a few hours.*

C. RÉVEIL

♦ Vous êtes en salle de réveil. Tout va bien. L'intervention s'est bien déroulée. Vous vous réveillez doucement.
⇒ *You're in the recovery room. Everything's fine. The operation went well and you're gradually coming round.*

♦ Ouvrez (grand) les yeux. Ouvrez la bouche. Tirez la langue. Avalez votre salive. Serrez-moi la main très fort. Levez la tête.
⇒ *Open your eyes (wide). Open your mouth. Stick your tongue out. Swallow. Squeeze my hand as hard as you can. Put your head up.*

> ○ *I feel sick. / I'm cold. / It hurts.* ⇒ J'ai envie de vomir. / J'ai froid. / J'ai mal.

♦ Nous allons maintenant vous ramener dans votre chambre.
⇒ *We're going to take you back to your room now.*

3. Réanimation

A. Explications générales

♦ Vous vous trouvez à l'hôpital de ..., dans le service de réanimation.
⇒ *You are at ... Hospital, in intensive care.*

◊ *What am I doing here?*
⇒ Pourquoi suis-je ici ?

♦ Vous avez eu un grave problème de santé / un accident, qui a entraîné une hospitalisation / une opération. Vous ne vous souvenez de rien ?
⇒ *You were seriously ill / had an accident and were taken to hospital / operated on. Don't you remember anything about it?*

- ○ *No, I don't. / Only vaguely.*   ⇒ Non. / Si, mais vaguement.

♦ Tout s'est bien passé, mais nous devons vous garder quelques heures en observation pour vérifier qu'il n'y a aucun problème.
⇒ *Everything went well, but we must keep an eye on you for a few hours to make sure everything's all right.*

◊ *Why are there so many machines around me? What are they all for?*
⇒ Pourquoi y a-t-il tant d'appareils autour de moi ? À quoi servent-ils ?

- Celui-ci est un moniteur cardiaque. Il permet de vérifier vos pulsations cardiaques.   ⇒ *This is a heart monitor. It enables us to check your heartbeat.*
- Cet autre appareil permet de mesurer le taux d'oxygène dans votre sang.   ⇒ *And this machine measures the oxygen level in your blood.*

◊ *Is my heart beating normally?*
⇒ Mon cœur bat-il comme il faut ?

- Il n'y a pas de problème : cet appareil enregistre votre tension artérielle et le brassard que vous avez autour du bras se gonfle régulièrement. Si cela vous gêne, dites-le : je peux l'enlever entre les mesures.
⇒ *Everything's fine. Your blood pressure is being measured on the machine, and the blood-pressure cuff round your arm is being inflated gradually. If it bothers you, just let me know – I can take it off in between times.*

◊ *Can you stop these machines making such a noise? It's frightening me. / It's keeping me awake.*
⇒ Pouvez-vous arrêter le bruit que font tous ces appareils ? Cela me fait peur. / Cela m'empêche de dormir.

- Je vais baisser le son, mais malheureusement ces appareils sont bruyants et je ne peux pas faire grand-chose.
⇒ *I'll turn the sound down, but unfortunately these machines are noisy – there's not much I can do about it.*

♦ Voulez-vous de quoi écrire ? Je vais vous donner une ardoise / une feuille de papier et un crayon / un stylo à bille.
⇒ *Do you want something to write with? I'll bring you a slate / a sheet of paper and a pencil / a biro.*

♦ Je mets la sonnette dans votre main. Sonnez si vous avez besoin de quelque chose.
⇒ *I'm giving you this bell to hold. Just ring if you need anything.*

♦ Vous ne resterez pas seul. Je ne m'éloigne pas, ou sinon il y aura toujours quelqu'un à proximité.
⇒ *You won't be left on your own. I won't go away, and if I do, there'll always be somebody else close at hand.*

B. Oxygène, respiration

♦ Je vais placer cette sonde à oxygène dans votre nez.
⇒ *I'm going to insert this oxygen catheter into your nose.*

♦ Avez-vous du mal à respirer ?
⇒ *Are you having any difficulty breathing?*

- *I get breathless, especially when I move.* ⇒ Je suis essoufflé, surtout dès que je bouge.

♦ Respirez-vous mieux maintenant ?
⇒ *Can you breathe more easily now?*

- *Yes, that feels better.* ⇒ Oui, cela va mieux.

C. Intubation, trachéotomie

♦ Ce tube que vous avez dans le nez / dans la bouche est une sonde d'intubation. Il vous donne l'air dont vous avez besoin pour respirer.
⇒ *This tube goes into your nose / your mouth, and is called an intubation catheter. It provides you with the air you need to breathe.*

♦ Nous avons dû vous faire une trachéotomie (c'est-à-dire passer un tube par une incision dans la trachée) car le passage de l'air par la gorge était bloqué.
⇒ *We had to do a tracheotomy (i.e. insert a tube into your windpipe through an incision) as the air passage through your throat had become blocked up.*

♦ Cet appareil est un respirateur. Il vous aide à respirer. Ne résistez pas contre lui. Ne vous agitez pas. Détendez-vous.
⇒ *This machine is a respirator. It helps you breathe. Don't fight against it or move about. Just relax.*

♦ Pour le moment vous devez être ventilé, mais nous pourrons bientôt enlever cet appareil.
⇒ *You'll have to be kept on a ventilator for the moment, but we'll soon be able to take you off it.*

♦ Vos poumons sont encombrés. Je vais donc devoir aspirer les sécrétions. C'est un peu désagréable et cela va vous faire tousser, mais je vais procéder le plus doucement et le plus rapidement possible.
⇒ *As your lungs are blocked up, I'll have to suction out the phlegm. It's a bit unpleasant and it will make you cough, but I'll do it as gently and as quickly as I can.*

D. SONDE GASTRIQUE

♦ Le tube qui a été introduit par le nez dans votre estomac (et qui est fixé sur le visage au moyen d'un adhésif) est une sonde gastrique.
⇒ *The catheter which has been inserted through your nose into your stomach (and which is fixed to your face with adhesive tape) is called a stomach tube.*

♦ Cette sonde permet l'évacuation du liquide gastrique et des gaz. Elle permet aussi de faire passer dans votre estomac des médicaments. Vous allez être nourri par cathéter intraveineux.
⇒ *This tube allows us to remove any gastric fluid and gas, and introduce medication into your stomach. You will be fed using an intravenous catheter.*

◊ *I feel sick. / I'm thirsty. / I'm hungry.*
⇒ J'ai envie de vomir. / J'ai soif. / J'ai faim.

- Vous ne pouvez ni boire ni manger pour le moment. Quand vous aurez des gaz dites-le nous : nous pourrons alors vous réalimenter.
⇒ *You can't drink or eat anything just now. Tell us when you break wind, and we'll give you something to eat again.*

- Vous pouvez boire, mais en absorbant une très petite quantité à la fois.
⇒ *You may drink, but only in very small quantities.*

◊ *This catheter is hurting my nose and throat.*
⇒ Ce tube me fait mal au nez et à la gorge.

- Vous ne devez pas enlever cette sonde ni même la toucher. Il faudrait alors la remettre en place. On vous l'enlèvera dès que possible.
⇒ *You mustn't remove or even touch this tube. If you do, we'll only have to put it back on you again. Don't worry, we'll remove it as soon as we can.*

♦ Je viens faire vos soins / votre toilette / votre pansement.

⇒ *I've come to look after you / wash you / change your bandage.*

> Pour les soins d'hygiène, voir chap. 7, pp. 91-96, et chap. 8, pp. 97-102.

◊ *My mouth is dry.*
⇒ J'ai la bouche sèche.

- Je vais vous humidifier les lèvres / vous faire un soin de bouche.
⇒ *I'm going to spray your lips / give you a mouthwash.*

E. SONDE URINAIRE

◊ *I'm dying to pass water – it's burning me.*
⇒ J'ai une forte envie d'uriner et cela me brûle.

- Ne vous faites aucun souci à ce propos : vous avez une sonde urinaire dans la vessie, qui permet à l'urine de s'écouler. N'essayez donc pas de vous retenir.

⇒ *Don't worry about it – a catheter has been placed in your bladder to drain off the urine. So don't try to hold it in.*

Neurologie, O.R.L. et ophtalmologie   12

1. ANTÉCÉDENTS

- ♦ Avez-vous déjà eu… ⇒ *Have you ever had any…*
  - des problèmes neurologiques (c'est-à-dire concernant le système nerveux) ? ⇒ *neurological problems (i.e. diseases of the nervous system)?*
  - des troubles de la mémoire ? ⇒ *memory problems?*
  - des difficultés pour parler ? ⇒ *difficulty speaking?*
  - des sensations de fourmillement dans les mains / les jambes / les pieds ? ⇒ *pins and needles in your hands / legs / feet?*
  - des pertes d'équilibre ? ⇒ *problems keeping your balance?*
  - un traumatisme crânien ? ⇒ *any severe skull injuries?*
  - des crises d'épilepsie ? ⇒ *epileptic fits?*

♦ Avez-vous déjà eu des pertes de sensibilité du goût ou de l'odorat / au chaud ou au froid ?

⇒ *Have you ever lost your sense of taste or smell? / Have you ever found you can't feel the difference between hot and cold?*

2. EXAMEN DE LA MOBILITÉ ET DES RÉFLEXES

♦ Levez-vous et marchez. Revenez vers moi.

⇒ *Could you stand up and walk around a bit? Come back now.*

♦ Tenez-vous debout, bien droit, les pieds joints. Fermez les yeux. Ouvrez-les.
⇒ *Could you stand up straight, with your feet together? Close your eyes. Open them again.*

♦ Je vais vous pousser légèrement en avant, en arrière, sur le côté, et vous essaierez de garder l'équilibre.
⇒ *I'm going to push you slightly forwards, backwards and to one side. Try to keep your balance.*

♦ Accroupissez-vous. Relevez-vous.
⇒ *Can you squat down? Stand up again.*

♦ Marchez sur la pointe des pieds / sur les talons.
⇒ *Can you walk on tiptoes / on your heels?*

♦ Découvrez vos dents. Sifflez.
⇒ *Could you show your teeth, and then whistle?*

♦ Serrez-moi les mains très fort. Encore plus fort !
⇒ *Grip my hands as tight as you can. Tighter!*

♦ Je vais plier votre bras / votre genou / vos orteils. Essayez de résister.
⇒ *I'm going to bend your arm / knee / toes. Try not to move it / them.*

♦ Posez sur le bout de votre nez votre index droit, puis votre index gauche ! Faites comme moi.
⇒ *Touch the tip of your nose with your right forefinger, and then your left one. Copy what I'm doing.*

♦ Agitez les mains.
⇒ *Wave your hands about.*

♦ Allongez les bras à l'horizontale devant vous (paumes vers le bas / vers le haut).

⇒ *Hold out your arms in front of you (with your hands outstretched / your palms facing downwards).*

♦ Fermez les yeux et écartez les doigts.
⇒ *Close your eyes and spread your fingers out.*

♦ Je vais tester vos réflexes. Pour cela il faut relâcher vos muscles et être le plus souple, le plus mou possible, comme si vous étiez une poupée de chiffon.
⇒ *I'm going to test your reflexes. Relax your muscles and go as limp and floppy as you can, as if you were a rag doll.*

♦ Allongez-vous sur le dos. Pliez les genoux sur la poitrine. Essayez de vous asseoir.
⇒ *Lie down on your back. Bend your knees and bring them up against your chest. Try to sit up now.*

♦ Je vais piquer très légèrement le bout de vos doigts. Dites-moi quand vous sentirez quelque chose.
⇒ *I'm going to prick the tip of your fingers very gently. Tell me if you feel anything.*

- *I can't feel anything.* ⇒ Je ne sens rien.
- *I can feel a pricking on the right / on the left hand side.* ⇒ Je sens une piqûre à droite / à gauche.

♦ Je vais vous gratter sous la plante du pied. Sentez-vous ce que je fais ?
⇒ *I'm going to tickle your feet. Can you feel me doing it?*

♦ Je vais vous toucher avec un objet. Fermez les yeux et dites-moi si cet objet est chaud ou froid / pointu ou émoussé.
⇒ *I'm going to touch you with something. Close your eyes and tell me whether it's warm or cold / sharp or blunt.*

♦ Gardez les yeux fermés. Je vais vous mettre un objet dans la main. Pouvez-vous me dire de quoi il s'agit ?

⇒ *Keep your eyes closed. I'm going to put something in your hand. Can you tell me what it is?*

- ◦ *It's a key / a pen / a rubber / a glass.* ⇒ C'est une clé / un stylo / une gomme / un verre.

♦ Pouvez-vous me dire / écrire quelle année, quel mois et quel jour nous sommes, et depuis combien de temps vous êtes ici ?
⇒ *Can you tell me / write down today's date (day, month and year), and how long you've been here?*

3. EXAMEN DES YEUX

♦ Votre vue est-elle bonne ? Portez-vous des lunettes ?
⇒ *Is your eyesight good? Do you wear glasses?*

♦ Veuillez me regarder.
⇒ *Look at me, please.*

♦ Sans bouger la tête, suivez du regard mon doigt quand je le déplace vers le haut, vers le bas, vers la droite, vers la gauche.
⇒ *Without moving your head, follow my finger with your eyes as I move it upwards, downwards, to the right and to the left.*

♦ Je vais de nouveau déplacer mon doigt. Cette fois-ci, ne le suivez pas des yeux, mais continuez de regarder droit devant vous et prévenez-moi quand il disparaîtra de votre champ visuel.
⇒ *I'm going to move my finger again. Don't watch it this time – keep looking straight ahead of you, and tell me when you lose sight of it.*

♦ Combien de doigts voyez-vous ?
⇒ *How many fingers can you see?*

♦ Je vais vous mettre quelques gouttes de collyre afin de dilater la pupille. Ensuite j'examinerai le fond de votre œil avec un appareil spécial : un ophtalmoscope.
⇒ *I'm going to put a few drops in your eye to dilate the pupil. Then I'm going to examine the back of your eyeball with a special instrument called an ophthalmoscope.*

♦ Pendant un moment vous allez voir flou / trouble, mais rassurez-vous : dès que l'effet du collyre sera passé, vous verrez tout à fait normalement.
⇒ *You won't be able to focus properly for a while / Everything will be a blur for a while, but don't worry – you'll be able to see normally again once the effects of the eye drops have worn off.*

♦ Que vous est-il arrivé aux yeux ?
⇒ *What is the matter with your eyes?*

- *My right eye / My left eye / My eyes are stinging / itching.* ⇒ L'œil droit / L'œil gauche / Les yeux me brûle(nt) / me démange(nt).

♦ Depuis quand sont-ils dans cet état ?
⇒ *How long have they been like this?*

- *Since yesterday. / For a few hours.* ⇒ Depuis hier. / Depuis quelques heures.

♦ Vos yeux coulent-ils ?
⇒ *Do your eyes keep running?*

♦ Avez-vous reçu un projectile ou des éclaboussures dans les yeux ?
⇒ *Have you been hit in the eyes, or got anything in them?*

- *Yes, detergent.* ⇒ Oui, un produit d'entretien.
- *Yes, toothpaste.* ⇒ Oui, du dentifrice.

- *Yes, some oil / petrol / gas.* ⇒ Oui, de l'huile / de l'essence / du gaz.

♦ Vous êtes-vous rincé les yeux ? Avec quoi ?
⇒ *Did you rinse your eyes? What with?*
- *Yes, with water / eye drops.* ⇒ Oui, avec de l'eau / du collyre.

♦ Pouvez-vous me donner le nom de ce collyre ?
⇒ *Can you tell me the name of the eye drops?*

♦ Je vais vous examiner les yeux. Ne vous en faites pas, cela ne prendra pas longtemps.
⇒ *I'm just going to examine your eyes. Don't worry, it won't take long.*

♦ Fixez le point là-bas / la petite lumière au centre de l'appareil.
⇒ *Focus on the spot over there / the light at the centre of the machine.*

♦ Cachez l'œil droit / l'œil gauche avec votre main / avec cette carte. Fermez les deux yeux.
⇒ *Cover up your right / left eye with your hand / with this card. Close both eyes.*

4. SOINS DES YEUX

♦ Je vais nettoyer votre œil avec du sérum physiologique. Essayez de le garder grand ouvert.
⇒ *I'm just going to clean your eye with a physiological solution. Try to keep it wide open.*

♦ Je vais vous mettre du collyre dans chaque œil pour vous soulager.
⇒ *I'm going to put some drops in both eyes to relieve the pain.*

♦ Gardez les yeux fermés un moment.
⇒ *Keep your eyes closed for a minute.*

♦ Il faudra mettre dans chaque œil deux gouttes toutes les deux / quatre / six heures.
⇒ *Put two drops in each eye every two / four / six hours.*

♦ Je vais vous mettre un peu de pommade dans l'œil.
⇒ *I'm just going to put some ointment on your eye.*

♦ Je vais vous mettre un pansement sur l'œil. Il faudra le conserver jusqu'à demain.
⇒ *I'm going to put a dressing on your eye. You'll have to keep it on until tomorrow.*

♦ Vous devez rester couché à plat, sans vous lever. C'est très important.
⇒ *You need to stay in bed and lie down flat. This is very important.*

5. EXAMEN O.R.L.

A. OREILLES

♦ Je vais approcher ma montre / Je vais claquer les doigts près de votre oreille. Entendez-vous ?
⇒ *I'm going to hold my watch / I'm going to snap my fingers close to your ear. Can you hear it?*

♦ Votre oreille a-t-elle coulé ou saigné ?
⇒ *Have you noticed any pus or blood coming from your ear?*

♦ Avez-vous souvent des otites (c'est-à-dire des inflammations des oreilles) ?
⇒ *Do you often get otitis (i.e. inflammation of the ear)?*

♦ Avez-vous en ce moment des sifflements, des bourdonnements dans les oreilles ?
⇒ *Can you hear a whistling or ringing noise in your ears at the moment?*

♦ Vous arrive-t-il d'avoir des sensations d'étourdissement ?
⇒ *Do you sometimes get dizzy spells?*

♦ Avez-vous déjà eu une infection O.R.L. ?
⇒ *Have you ever had any ENT (= ear, nose and throat) infections?*

♦ Avez-vous déjà été opéré des oreilles ?
⇒ *Have your ears ever been operated on?*

♦ Montrez-moi du doigt où vous avez mal.
⇒ *Could you point to where it hurts?*

♦ Quand j'appuie ici, cela vous fait-il mal ?
⇒ *Does it hurt when I press here?*

♦ Avalez votre salive.
⇒ *Swallow your saliva.*

♦ Comment et quand est survenue la douleur ?
⇒ *How and when did the pain first come on?*

- *The pain woke me up last night.* ⇒ La douleur m'a réveillé cette nuit.
- *It started hurting all of a sudden when I woke up this morning / during the day.* ⇒ J'ai eu mal brusquement en me réveillant ce matin / dans la journée.
- *It came on gradually.* ⇒ Cela est arrivé progressivement.

◊ *My ears feel blocked up.*
⇒ Je crois que j'ai les oreilles bouchées.

♦ Je vais examiner vos oreilles avec un otoscope. Veuillez ne pas bouger.
⇒ *I'm going to examine your ears with an otoscope. Try not to move.*

♦ Il y a un bouchon de cérumen dans le conduit auditif externe. Je vais mettre un peu d'eau tiède dans votre oreille pour la nettoyer.
⇒ *There's some wax blocking up the outer canal of your ear. I'm just going to put some warm water into your ear to clean it.*

♦ Votre oreille est infectée. Le tympan / Le conduit externe est rouge / enflammé / blessé.
⇒ *Your ear is infected. Your eardrum / The external canal is red / inflamed / damaged.*

B. Bouche, gorge et nez

♦ Avez-vous été opéré des amygdales / des végétations ?
⇒ *Have you had your tonsils / adenoids removed?*

♦ Êtes-vous allergique à quelque chose ?
⇒ *Are you allergic to anything?*

> Pour les allergies, voir chap. 2, pp. 36-37.

♦ Avez-vous respiré récemment quelque chose d'irritant : de la fumée, de la poussière, des vapeurs, du gaz ou des produits chimiques ?
⇒ *Have you breathed in any irritating substances recently, such as smoke, dust, fumes, gas or chemicals?*

♦ Avez-vous mal à la gorge ?
⇒ *Does your throat hurt?*

- *Yes, when I swallow.* ⇒ Oui, quand j'avale.
- *Yes, and it's burning so much I can't swallow anything.* ⇒ Oui, et cela me brûle tellement que je ne peux rien avaler.

♦ Ouvrez la bouche, tirez la langue et dites « ah ».
⇒ *Open your mouth, stick out your tongue and say "aah".*

♦ Vos amygdales sont très rouges, très enflammées, avec des points blancs. Vous avez de gros ganglions.
⇒ *Your tonsils are very red and inflamed, with white spots. You have swollen glands.*

♦ Avez-vous souvent besoin de vous racler la gorge ?
⇒ *Do you often have to clear your throat?*

♦ Fumez-vous ? Combien de cigarettes / de paquets par jour ?
⇒ *Do you smoke? How many cigarettes / packets a day?*

♦ Votre voix est-elle souvent enrouée ?
⇒ *Is your voice often hoarse?*

♦ Avez-vous le nez bouché ? Coule-t-il souvent ? Avez-vous un écoulement dans l'arrière-gorge ?
⇒ *Is your nose blocked up? Does it often run? Is there any nasal discharge at the back of your throat?*

- *I can't breathe through my nose. I sleep with my mouth open.* ⇒ Je ne peux pas respirer par le nez. Je dors la bouche ouverte.

♦ Toussez-vous / Éternuez-vous beaucoup ? Avez-vous du mal à parler / à respirer ?
⇒ *Do you cough / sneeze a lot? Do you have difficulty speaking / breathing?*

♦ Qu'est-ce qui est le plus douloureux : inspirer ou expirer ?
⇒ *Does it hurt most when you breathe in or out?*

♦ Votre bouche vous fait-elle mal ? Avez-vous de la difficulté à l'ouvrir ?
⇒ *Is your mouth sore? Do you have difficulty opening it?*

♦ Avez-vous déjà eu des problèmes de sinus ?
⇒ *Have you ever had any sinus trouble?*

6. Soins des oreilles

♦ Je vais vous mettre des gouttes dans l'oreille droite / gauche.
⇒ *I'm going to put some drops in your right / left ear.*

♦ Cela vous fait-il mal ?
⇒ *Does it hurt?*

♦ Vous devez rester couché sur le côté droit / gauche, sans vous lever.
⇒ *You need to stay in bed and lie on your right / left side.*

♦ Je vais mettre une mèche (de gaze) dans votre oreille.
⇒ *I'm just going to put a (gauze) wick in your ear.*

♦ Je vais enlever la mèche qui est dans votre oreille.
⇒ *I'm just going to remove the wick from your ear.*

7. Soins de la gorge et du nez

♦ Je vais badigeonner votre gorge avec un écouvillon.
⇒ *I'm just going to paint your throat with a swab.*

♦ Je vais faire un prélèvement dans votre gorge avec cet écouvillon.
⇒ *I'm just going to take a swab of your throat.*

♦ Je vais vous faire un soin de bouche.
⇒ *I'm going to give you a mouthwash.*

♦ Vous pouvez vous rincer la bouche.
⇒ *You can rinse your mouth out now.*

♦ Ne bougez pas, je vais faire un prélèvement dans votre nez.
⇒ *Don't move, I'm just going to take a swab of your nose.*

♦ Je vais mettre une mèche dans votre narine. C'est assez désagréable, mais je vais faire vite.
⇒ *I'm going to insert a wick into your nostril. It's a bit unpleasant, but I'll be as quick as I can.*

♦ Je vais enlever la mèche qui se trouve dans votre narine, en l'humidifiant auparavant.
⇒ *I'm going to dampen the wick and then take it out of your nostril.*

◊ *I just can't breathe. / I have difficulty breathing.*
⇒ Je ne peux plus respirer. / J'ai du mal à respirer.

♦ Respirez calmement par la bouche.
⇒ *Breathe slowly through your mouth.*

8. ÉPILEPSIES

♦ Avez-vous parfois des moments d'absence (= des blancs) ?
⇒ *Does your mind go blank at times?*

♦ Avez-vous parfois des illusions visuelles, auditives, gustatives ?
⇒ *Do you sometimes see, hear or taste things that are not actually there?*

♦ Vous arrive-t-il d'entendre des sons lorsqu'il n'y a pas de bruit autour de vous ? Sont-ils continus ou discontinus, forts ou faibles ?
⇒ *Do you sometimes think you can hear sounds when there's no noise going on around you? Are they continuous or do they come and go? Are they loud or faint?*

♦ Voyez-vous parfois des lueurs soudaines, des points lumineux, des stries ?
⇒ *Do you sometimes see flashing lights, bright spots or streaks?*

♦ Êtes-vous parfois pris de tremblements ou de convulsions ?
⇒ *Do you sometimes get the shakes or have violent spasms?*

♦ Êtes-vous tombé / Avez-vous perdu connaissance récemment ?
⇒ *Have you had a fall / a blackout lately?*

♦ Vous êtes-vous alors mordu la langue ? Avez-vous perdu vos urines ?
⇒ *Did you bite your tongue? Did you wet yourself?*

9. Syncopes

♦ Savez-vous combien de temps vous avez perdu connaissance ?
⇒ *Do you know how long you were unconscious for?*

  ◦ *A few seconds.* ⇒ Quelques secondes.

- *A few minutes.* ⇒ Quelques minutes.
- *I don't know.* ⇒ Je n'en sais rien.

♦ Quand avez-vous repris connaissance ?
⇒ *When did you come round?*

- *When the ambulancemen / a first-aid worker / my wife / my husband / the neighbours / some passers-by arrived.* ⇒ À l'arrivée des pompiers / d'un secouriste / de ma femme / de mon mari / des voisins / de passants.

♦ Avez-vous ressenti des troubles avant de perdre connaissance ?
⇒ *Did you feel unwell just before you had the blackout?*

- *Yes, I was exhausted and felt faint.* ⇒ Oui, une grande fatigue, un malaise général.
- *Yes, I was sweating, and then my eyes became blurred. I can't remember anything else.* ⇒ Oui, j'ai transpiré, ensuite ma vue s'est brouillée et je ne me souviens de rien d'autre.
- *Yes, I had a ringing in my ears and felt dizzy.* ⇒ Oui, j'ai eu des bourdonnements dans les oreilles, des vertiges.
- *No, the only thing I can remember is coming to on the ground.* ⇒ Non, la seule chose dont je me souvienne est de m'être réveillé par terre.

♦ Avez-vous perdu vos urines ou vos selles ?
⇒ *Did you wet or soil yourself?*

♦ Quand aviez-vous mangé pour la dernière fois avant cette perte de connaissance ?
⇒ *When did you have your last meal before becoming unconscious?*

- *The night before.* ⇒ La veille.
- *In the morning.* ⇒ Le matin.

♦ Qu'étiez-vous alors en train de faire ? Faisiez-vous un mouvement avec la tête ou les bras ?
⇒ *What were you doing at the time? Were you moving your head or arms?*

- *Yes, I was working with my arms stretched upwards.* ⇒ Oui, je travaillais les bras en l'air.
- *No, I just looked up suddenly.* ⇒ Non, j'ai seulement regardé brusquement en l'air.

10. Céphalées

♦ Avez-vous mal à la tête ? Depuis combien de temps ?
⇒ *Is your head aching? How long has it been like this?*

- *Several hours / days.* ⇒ Depuis plusieurs heures / jours.
- *I'm always getting headaches.* ⇒ Je souffre constamment de maux de tête.
- *I've suffered from migraine for years, but my usual tablets haven't worked this time.* ⇒ J'ai des migraines depuis des années, mais mon traitement habituel n'a eu aucun effet cette fois-ci.

♦ Pouvez-vous montrer du doigt où vous avez mal ?
⇒ *Can you show me where it hurts?*

- *Here. / It hurts pretty well all over.* ⇒ Ici. / J'ai mal un peu partout.
- *The pain starts here, and then moves about.* ⇒ La douleur commence ici, puis elle change de place.

♦ Comment cela commence-t-il ?
⇒ *How does it come on?*

- *All of a sudden.* ⇒ Brusquement.
- *Unexpectedly.* ⇒ De manière imprévisible.

- *It hurts as soon as I get up. Then the pain eases off and goes away in the evening.* ⇒ J'ai mal dès que je me lève. La douleur s'estompe ensuite, pour disparaître en fin de journée.

> Pour la description précise de la douleur, voir chap. 3, pp. 42-43.

◆ Y a-t-il des facteurs qui aggravent vos maux de tête ?
⇒ *Does anything special make the headaches worse?*

- *Noise. / Light.* ⇒ Le bruit. / La lumière.
- *Working on a computer.* ⇒ Le travail sur ordinateur.
- *Watching television.* ⇒ La télévision.
- *Driving at night.* ⇒ La conduite de nuit.

◆ Prenez-vous des calmants ?
⇒ *Do you take painkillers?*

- *Yes, but they don't do much good.* ⇒ Oui, mais ils n'ont guère d'effet.

◆ Vos maux de tête s'accompagnent-ils d'autres symptômes ?
⇒ *Do you get any other symptoms along with your headaches?*

- *Yes, I feel sick.* ⇒ Oui, j'ai des nausées.
- *I get stomachache and diarrhoea.* ⇒ J'ai mal au ventre. J'ai des diarrhées.
- *My vision becomes blurred.* ⇒ Ma vue se brouille.
- *I get a ringing in my ears.* ⇒ J'ai des bourdonnements dans les oreilles.
- *My neck is stiff and aches.* ⇒ Ma nuque est raide, douloureuse.
- *I feel dizzy.* ⇒ J'ai des vertiges.
- *The blood rushes to my head, and my face becomes flushed.* ⇒ Le sang me monte à la tête et j'ai très chaud au visage.

11. MÉNINGITES

- ◆ Depuis quand avez-vous de la fièvre ?
- ⇒ *How long have you had a temperature?*
  - ○ *Since this morning.* ⇒ Depuis ce matin.
  - ○ *Since yesterday.* ⇒ Depuis hier.
  - ○ *For several days.* ⇒ Depuis plusieurs jours.

> Pour la température, voir chap. 6, pp. 73-74.

- ◆ Avez-vous mal à la nuque ? Est-elle raide ?
- ⇒ *Does your neck ache? Is it stiff?*
  - ○ *Yes, and noise and light worry me.* ⇒ Oui, et je suis gêné par le bruit et la lumière.

- ◆ Quand j'essaie de la plier / de la tourner, cela vous fait-il mal ?
- ⇒ *Does it hurt when I try to bend it / turn it?*

- ◆ Nous allons vous faire des examens sanguins.
- ⇒ *We're going to do some blood tests.*

> Pour les examens sanguins, voir chap. 6, pp. 78-81.

- ◆ Nous allons vous faire une ponction lombaire (c'est-à-dire prélever un échantillon de liquide céphalo-rachidien et l'analyser pour voir s'il est infecté). Tout va bien se passer si vous faites exactement ce qui vous est demandé.
- ⇒ *We're going to perform a spinal tap (i.e. take a sample of cerebrospinal fluid and analyse it to see whether it's infected). Everything will be fine if you do exactly as we say.*

- ◆ Allongez-vous sur le côté, en tournant le dos au médecin / en me tournant le dos. Pliez les genoux sur la poitrine.
- ⇒ *Lie down on your side with your back to the doctor / to me. Bend your knees and bring them up against your chest.*

♦ Asseyez-vous au bord du lit. Serrez cet oreiller contre vous et penchez-vous en avant en arrondissant bien le dos.
⇒ *Sit on the edge of the bed. Hold the pillow to your chest and lean forwards, with your back bent over.*

♦ Le médecin va / Je vais utiliser une aiguille à ponction lombaire pour prélever du liquide céphalo-rachidien.
⇒ *The doctor is going / I'm going to use a spinal needle to take a sample of cerebrospinal fluid.*

> Pour les injections, voir chap. 7, pp. 87-88.

♦ Voilà, c'est terminé. Restez couché bien à plat pendant … heures.
⇒ *Good, it's over now. You need to lie flat on your back (without a pillow) for … hours.*

♦ Nous allons vous mettre sous perfusion. Il faudra en même temps boire beaucoup d'eau.
⇒ *We're going to put you on a drip. You'll need to drink a lot of water while you're on it.*

> Pour les perfusions, voir chap. 7, pp. 88-89.

Pneumologie 13

1. INTERROGATOIRE GÉNÉRAL

♦ Depuis quand avez-vous des problèmes pulmonaires ?
⇒ *How long have you been having trouble with your lungs?*

- *Several days / weeks / months.* ⇒ Depuis quelques jours / semaines / mois.

♦ Comment ces troubles ont-ils commencé ?
⇒ *How did the trouble start?*

- *I started getting short of breath at night / after exerting myself.* ⇒ Par une gêne respiratoire, la nuit / après avoir fait des efforts.
- *I started having coughing fits.* ⇒ Par de la toux.
- *I started getting chest pains.* ⇒ Par un point douloureux dans la poitrine.

♦ Avez-vous déjà eu des maladies ou des problèmes pulmonaires importants ?
⇒ *Have you ever had any serious lung diseases or problems?*

- *Tuberculosis.* ⇒ La tuberculose.
- *Asthma.* ⇒ De l'asthme.
- *Pulmonary emphysema.* ⇒ Un emphysème pulmonaire.
- *Acute / Chronic bronchitis.* ⇒ Une bronchite aiguë / chronique.

2. Toux

♦ Toussez-vous beaucoup ? Avec quelle fréquence ? Est-ce une toux sèche ou grasse ? Avez-vous des quintes de toux ?
⇒ *Do you cough a lot? How often? Is it a dry or chesty cough? Do you have fits of coughing?*

♦ Ces quintes se produisent-elles presque toujours au même moment, dans la journée ou dans la nuit ?
⇒ *Do the fits generally occur at the same time of the day or night?*

- *Yes, mostly in the morning / at night, and it wakes me up.* ⇒ Oui, essentiellement le matin / la nuit, ce qui me réveille.
- *No, they occur at any time of the day / night.* ⇒ Non, cela arrive n'importe quand dans la journée / dans la nuit.

♦ Votre toux s'accompagne-t-elle de crachats ?
⇒ *Do you bring up any phlegm when you cough?*

♦ Cela vous soulage-t-il de tousser ?
⇒ *Does it feel better when you cough?*

- *Yes, I find it easier to breathe afterwards.* ⇒ Oui, ensuite je respire mieux.
- *No, it tires me out, and I get breathless.* ⇒ Non, cela m'épuise et je suis ensuite essoufflé.

♦ Votre voix se trouve-t-elle modifiée après cette toux ?
⇒ *Does coughing make your voice change?*

♦ Qu'est-ce qui déclenche votre toux ?
⇒ *What brings on the coughing?*

- *Moving. / Changing position.* ⇒ Quand je bouge. / Quand je change de position.

- *Exerting myself.* ⇒ Quand je fais des efforts.
- *Swallowing food.* ⇒ Quand j'avale quelque chose.

♦ Avez-vous toujours mal dans la poitrine ou cela arrive-t-il seulement quand vous toussez ou quand vous respirez profondément ?
⇒ *Do you get a pain in your chest all the time, or only when you cough or take a deep breath?*

♦ Avez-vous déjà craché du sang ?
⇒ *Have you ever coughed up blood?*

♦ Vos crachats sont-ils épais / verdâtres / jaunâtres / nauséabonds / tachés de sang ?
⇒ *Is your phlegm thick / green / yellow / foul-smelling / bloodstained?*

3. Dyspnée

♦ Avez-vous le souffle court ? Dans quelles occasions ?
⇒ *Do you get short of breath? When does this occur?*

- *When I exert myself (for instance when I climb stairs or walk too fast).* ⇒ Quand je fais des efforts (comme monter un escalier ou marcher trop rapidement).
- *Only at night. I need several pillows to get to sleep.* ⇒ Uniquement la nuit. Il me faut plusieurs oreillers pour dormir.

♦ Votre respiration se trouve-t-elle alors ralentie ou accélérée ?
⇒ *Does this make you breathe more slowly or more quickly?*

♦ Ressentez-vous davantage de gêne pour inspirer ou pour expirer ?
⇒ *Do you find it more difficult breathing in or out?*

♦ Avez-vous l'impression de ne pas pouvoir inspirer à fond ou de ne pas réussir à vider vos poumons ?
⇒ *Do you feel you can't breathe deeply or empty out your lungs?*

♦ Votre respiration est-elle bruyante ?
⇒ *Is your breathing noisy?*

♦ Votre état respiratoire est-il modifié par le temps qu'il fait, ou par l'altitude à laquelle vous vous trouvez ?
⇒ *Is your breathing affected by the weather, or by how high up you are?*

4. TABAC

♦ Fumez-vous ? Combien de cigarettes / de paquets par jour ? Depuis combien de temps ?
⇒ *Do you smoke? How many cigarettes / packets a day? How long have you been smoking?*

○ *About ... cigarettes / packets a day.*	⇒ Environ ... cigarettes / paquets par jour.
○ *For about ... years.*	⇒ Depuis environ ... ans.
○ *I don't smoke, but I work all day in a smoke-filled room.*	⇒ Je ne fume pas, mais je travaille toute la journée dans une pièce enfumée.

♦ Fumez-vous des blondes, des brunes, la pipe ou le cigare ?
⇒ *Do you smoke Virginia tobacco cigarettes, brown tobacco cigarettes, a pipe or cigars?*

♦ Envisagez-vous d'arrêter de fumer ? Vous sentez-vous la force de le faire ?
⇒ *Do you plan to give up smoking? Do you feel up to it?*

♦ Il faut absolument que vous arrêtiez de fumer : c'est très important pour votre santé.

⇒ *You really must give up smoking – your health depends on it.*

> Pour le poids et ses variations, voir chap. 6, pp. 75-76.
> Pour l'examen clinique, voir chap. 3, p. 41 et pp. 46-48.

5. SOINS INFIRMIERS SPÉCIFIQUES

A. ATOMISEURS (SPRAYS)

♦ On vous a prescrit un médicament en spray. Cet aérosol permettra de diffuser le médicament dans les voies respiratoires. Savez-vous comment l'utiliser ?
⇒ *You have been prescribed a spray aerosol. The aerosol will spread the drugs around your breathing system. Do you know how to use it?*

♦ Asseyez-vous, la tête droite, ou couchez-vous en mettant un oreiller sous la nuque. Après vous être mouché et avoir craché, mettez vos lèvres autour de l'embout et expirez. Au moment où vous commencez à inspirer, appuyez une ou deux fois sur le spray.
⇒ *Sit with your head upright, or lie down with your neck propped up on a pillow. Blow your nose and spit, then put the mouthpiece between your lips and breathe out. Press on the spray once or twice when you start breathing in.*

B. INHALATIONS

♦ Nous allons vous faire une inhalation (c'est-à-dire vous faire respirer un mélange de médicament et d'eau chaude en vapeur).
⇒ *We're going to use an inhaler (to allow you to breathe in medicine mixed with hot steam).*

C. AÉROSOLS

♦ On vous a prescrit un aérosol deux / trois fois par jour.
⇒ *You have been prescribed an aerosol to be used twice / three times a day.*

♦ Un médicament a été placé dans un appareil permettant de transformer le liquide en un fin brouillard que vous allez respirer grâce à un masque.
⇒ *Some medication has been placed in an apparatus which will transform the liquid into a thin vapour. You will breathe this in using a face mask.*

♦ Respirez calmement et profondément pendant dix minutes / un quart d'heure. Rassurez-vous, vous ne pouvez pas étouffer. Cela va vous soulager et fluidifier vos crachats.
⇒ *Breathe slowly and deeply for ten minutes / a quarter of an hour. Don't worry, you won't choke. This will make you feel better and loosen the phlegm.*

Cardiologie 14

1. ANTÉCÉDENTS HÉRÉDITAIRES

♦ Y a-t-il dans votre famille des personnes qui ont eu…
⇒ *Is there any family history of…*

- des affections cardiaques ? ⇒ *heart trouble?*
- un infarctus ? ⇒ *heart attacks?*
- de l'hypertension artérielle ? ⇒ *high blood pressure?*
- du diabète ? ⇒ *diabetes?*
- de l'asthme ? ⇒ *asthma?*
- de l'artérite (= une inflammation des artères) ? ⇒ *arteritis (= inflammation of the arteries)?*
- des accidents vasculaires cérébraux ? ⇒ *cerebrovascular problems?*

2. ANTÉCÉDENTS PERSONNELS

♦ Avez-vous eu des problèmes cardiaques dans votre enfance ?
⇒ *Did you have any heart trouble as a child?*

- ○ *I've been told I had a heart murmur.* ⇒ On m'a dit que j'ai eu un souffle au cœur.

♦ Avez-vous déjà eu… ⇒ *Have you ever had…*

- la scarlatine ? ⇒ *scarlet fever?*
- des angines fréquentes ? ⇒ *repeated throat infections?*
- un rhumatisme articulaire aigu ? ⇒ *acute rheumatoid arthritis?*

- la tuberculose ? ⇒ *tuberculosis?*
- une bronchite chronique ? ⇒ *chronic bronchitis?*
- de l'asthme ? ⇒ *asthma?*

♦ Êtes-vous allé en Afrique, en Asie ou en Amérique du Sud ?
⇒ *Have you ever been to Africa, Asia or South America?*

♦ Avez-vous eu des grossesses ? Combien ?
⇒ *Have you ever been pregnant? How many times?*

♦ Les accouchements se sont-ils bien passés ?
⇒ *Did the births go well?*

- *They were difficult.* ⇒ Ils ont été difficiles.
- *I had high blood pressure while I was pregnant.* ⇒ Pendant mes grossesses, j'ai eu de l'hypertension.

3. HISTOIRE ACTUELLE

♦ Avez-vous souvent des douleurs dans la poitrine ? Qu'est-ce qui les déclenche ?
⇒ *Do you often get chest pains? What brings them on?*

♦ Avez-vous déjà eu des problèmes cardiaques du genre de celui-ci ?
⇒ *Have you had heart problems of this kind in the past?*

- *Yes, ... years ago.* ⇒ Oui, il y a ... ans.

♦ Qu'avez-vous fait alors ?
⇒ *What did you do about it?*

- *I saw a heart specialist.* ⇒ J'ai vu un cardiologue.
- *I had an electrocardiogram (= ECG) and an ultrasound scan.* ⇒ J'ai eu un électrocardiogramme et une échographie cardiaque.
- *I gave up smoking.* ⇒ J'ai arrêté de fumer.

♦ Le médecin vous a-t-il dit que c'était... ⇒ *Did the doctor tell you it was...*
- une crise cardiaque ? ⇒ *a heart attack?*
- un infarctus du myocarde ? ⇒ *myocardial infarction (i.e. a coronary)?*
- une embolie (c'est-à-dire l'occlusion d'un vaisseau sanguin) ? ⇒ *embolism (i.e. a clogged-up blood vessel)?*
- une angine de poitrine ? ⇒ *angina?*
- de l'hypertension ? ⇒ *high blood pressure?*

♦ Avez-vous déjà eu une phlébite (c'est-à-dire l'inflammation d'une veine) ou une embolie pulmonaire ?
⇒ *Have you ever had phlebitis (i.e. inflammation of a vein) or pulmonary embolism?*

♦ Prenez-vous en ce moment des diurétiques ou des médicaments pour le cœur ?
⇒ *Are you on water tablets or heart tablets at the moment?*

> Pour le traitement et les médicaments, voir chap. 2, pp. 38-39.

♦ Je vais examiner vos jambes et vos veines.
⇒ *I'm going to have a look at your legs and veins.*

4. Dyspnée

> Voir chap. 13, pp. 169-170.

5. Douleur

♦ Souffrez-vous en ce moment ?
⇒ *Are you in pain at the moment?*

- *I've got a sharp pain in my chest and left arm.* ⇒ J'ai une douleur très vive à la poitrine et au bras gauche.

> Pour la localisation et la description de la douleur, ainsi que pour ses facteurs d'aggravation ou d'apaisement, voir chap. 3, pp. 42-43 et 49-50.

6. PALPITATIONS

♦ Avez-vous des palpitations en ce moment ?
⇒ *Is your heart beating fast at the moment?*

- *I can feel it racing / stopping and starting.* ⇒ J'ai l'impression que mon cœur s'emballe / s'arrête et repart.

♦ Cela est-il déjà arrivé ?
⇒ *Has this ever happened before?*

- *Never. / Yes, often, but it's never been as bad as today.* ⇒ Jamais. / Oui, souvent, mais aujourd'hui c'est pire que jamais.

7. AUTRES SYMPTÔMES

♦ Aviez-vous déjà eu des pertes de connaissance ?
⇒ *Have you ever fainted before?*

- *Yes, several times.* ⇒ Oui, plusieurs fois.
- *No, never.* ⇒ Non, jamais.

♦ Avez-vous des douleurs dans les jambes quand vous marchez ou quand vous restez assis ou couché ?
⇒ *Do your legs hurt when you walk or when you're sitting or lying down?*

- *I get cramp / pains in my legs when I walk fast.* ⇒ Quand je me mets à marcher vite, j'ai des crampes / des douleurs dans les mollets.

Cardiologie 177

- *My legs feel like lead and I have to sit down every few hundred yards.* ⇒ Au bout de quelques centaines de mètres, j'ai les jambes coupées et je dois m'asseoir.
- *My legs feel heavy if I sit down for too long.* ⇒ Quand je reste assis trop longtemps, j'ai les jambes lourdes.
- *My legs hurt at night.* ⇒ J'ai mal aux jambes la nuit.
- *Sometimes my toes / my fingers turn white and numb when it's cold.* ⇒ Parfois, quand il fait froid, mes orteils / mes doigts deviennent blancs et insensibles.

♦ Depuis quand vos chevilles sont-elles enflées ?
⇒ *How long have your ankles been swollen?*

8. EXAMENS : ÉLECTROCARDIOGRAMME, ÉCHOGRAPHIE ET ANGIOGRAPHIE CARDIAQUES, DOPPLER, POSE D'UN PACEMAKER

♦ Vous a-t-on déjà fait un électrocardiogramme ?
⇒ *Have you had an electrocardiogram (= ECG) before?*

♦ Je vais vous faire une échographie cardiaque (c'est-à-dire obtenir grâce aux ultrasons une image de votre cœur).
⇒ *I'm just going to give you an echocardiogram (in other words, I'm going to take a picture of your heart using ultrasound).*

♦ Je vais vous faire une angiographie cardiaque (c'est-à-dire un examen radiologique du cœur en injectant dans les artères un colorant).
⇒ *I'm just going to do a coronary angiograph (i.e. take an X-ray of your heart by injecting dye into the arteries).*

♦ Je vais vous faire un Doppler (c'est-à-dire un examen qui permettra de vérifier la force du flux sanguin dans les vaisseaux).
⇒ *I'm just going to do a Doppler ultrasound examination (to check how strong the blood flow in your vessels is).*

♦ Nous devons vous transférer dans le service de cardiologie.
⇒ *We need to transfer you to the heart ward.*

◊ *Is it serious, then?*
⇒ Est-ce donc très grave ?

- Non, mais il faut surveiller votre cœur et effectuer des examens complémentaires que nous ne pouvons pas faire ici. ⇒ *No, but your heart needs to be monitored, and you need further tests which can't be done here.*

♦ Je vais vous donner un traitement destiné à... ⇒ *I'm going to put you on tablets to...*

- soutenir votre cœur. ⇒ *make your heartbeat more regular.*
- fluidifier le sang. ⇒ *thin the blood.*

♦ Il va falloir vous poser un « pacemaker » / un stimulateur cardiaque (c'est-à-dire un appareil électronique muni d'une pile et permettant de déclencher et de régulariser les pulsations cardiaques).
⇒ *We're going to give you a pacemaker (i.e. an electronic battery-operated device which will stimulate and control your heartbeat).*

♦ Pour cela on va vous emmener au bloc opératoire, où l'on vous fera une anesthésie locale / générale.
⇒ *This will be done in the surgical unit, where you'll be given a local / general anaesthetic.*

◊ *How long will I have to stay in hospital?*
⇒ Combien de temps vais-je devoir rester à l'hôpital ?

- Quelques jours, le temps de vérifier que tout fonctionne bien. ⇒ *A few days, to give us time to check that everything's working properly.*

◊ *Are there any special precautions I will need to take?*
⇒ Devrai-je prendre des précautions particulières ?

- Il faudra voir régulièrement votre médecin / votre cardiologue et conserver toujours sur vous votre carte de pacemaker. ⇒ *You'll need to see your doctor / heart specialist regularly, and always carry your pacemaker card around with you.*
- Vous devrez vous tenir éloigné des fours à micro-ondes ; et dans les aéroports ou les magasins, vous ne devrez plus passer sous les portiques de détection de métaux. Cela risquerait de dérégler le pacemaker. ⇒ *You must keep away from microwave ovens, and avoid going through metal detectors in airports or shops, as this could interfere with the pacemaker.*

◊ *I already have a pacemaker.*
⇒ J'ai déjà un pacemaker.

- Quand a-t-il été posé ? ⇒ *When was it fitted?*
- Avez-vous votre carte sur vous ? ⇒ *Do you have your card with you?*

♦ À quand remonte votre dernière visite de contrôle ?
⇒ *When was your last check-up?*

  ○ *... months / years ago.* ⇒ À ... mois / ans.

9. Soins infirmiers spécifiques

◆ Nous allons souvent vérifier votre rythme cardiaque et votre tension.
⇒ *We'll be checking your heart rate and blood pressure regularly.*

◆ Vous avez un caillot dans la jambe. Il est donc important de ne pas bouger afin de l'empêcher de remonter jusqu'aux poumons.
⇒ *As you have a clot in your leg, it's important to keep still in order to prevent the clot from going up to your lungs.*

◆ Il vous faut porter des bas à varices / des bandages de contention.
⇒ *You'll need to wear support stockings / have elastic bandages put around your legs.*

◆ Il faut les mettre le matin avant de poser les pieds par terre.
⇒ *Put them on in the morning before you get up on your feet.*

◆ Cela permettra d'éviter la stase du sang (c'est-à-dire d'empêcher un ralentissement de sa circulation) dans le système veineux.
⇒ *This will prevent blood stasis (i.e. it will keep the blood flowing) in the veins.*

Urologie - néphrologie   15

1. ANTÉCÉDENTS PERSONNELS

♦ Avez-vous déjà eu des problèmes rénaux ou urinaires ?
⇒ *Do you have a history of kidney or bladder trouble?*

- *I suffer from cystitis (= chronic inflammation of the bladder).* ⇒ J'ai des cystites (= des inflammations chroniques de la vessie).

♦ Avez-vous déjà été opéré de l'appareil urinaire ?
⇒ *Has your urinary system (= Have your waterworks) ever been operated on before?*

- *I had a kidney removed ... years ago.* ⇒ On m'a enlevé un rein il y a ... ans.
- *I was operated on for a malformed ureter (= urinary tube) ... years ago.* ⇒ On m'a opéré d'une malformation d'un uretère (= canal urinaire) il y a ... ans.

♦ Avez-vous déjà eu du sable ou des calculs dans les reins ?
⇒ *Have you ever had any sand or stones in your kidneys?*

- *I sometimes suffer from renal colic (= acute kidney pains).* ⇒ J'ai déjà eu des coliques néphrétiques (= de violentes douleurs rénales).
- *I sometimes pass blood / sand / small stones.* ⇒ Il m'arrive d'uriner du sang / du sable / des petits cailloux.

2. Problème actuel

♦ Pouvez-vous me dire ce qui ne va pas ? Avez-vous du mal à uriner ?
⇒ *Could you tell me what seems to be the matter? Are you having difficulty passing water?*

- *I keep having to pass water, and it's stopping me from sleeping.* ⇒ J'ai très souvent envie d'uriner ; et la nuit, cela perturbe mon sommeil.
- *I can't manage to pass water although I really want to.* ⇒ J'ai un besoin impérieux d'uriner, mais je n'y arrive pas.
- *It's very difficult at first when I pass water, and I have to strain.* ⇒ Le début est difficile : je dois forcer pour uriner.
- *I feel I can never empty my bladder completely.* ⇒ J'ai l'impression de ne jamais parvenir à vider complètement ma vessie.
- *I'm often taken short, and I can't control it.* ⇒ J'ai souvent des envies impérieuses que je ne peux pas contenir.
- *I can't hold my urine in, and I wet myself.* ⇒ Je perds mes urines, sans pouvoir les contrôler.
- *I wet myself when I cough, laugh, or exert myself (for instance when I lift heavy objects).* ⇒ Je perds mes urines quand je tousse, quand je ris ou quand je fais un effort (par exemple, si je soulève quelque chose de lourd).
- *There is a strange / pus-like substance coming from my penis.* ⇒ J'ai un écoulement suspect / purulent à la verge.

♦ Combien de fois urinez-vous pendant la journée / la nuit ?
⇒ *How often do you pass water in the daytime / at night?*

Urologie - néphrologie

- ◆ Quelle quantité urinez-vous à chaque miction ?
- ⇒ *How much urine do you pass each time?*

  - ○ *A normal amount / not much (only a few drops).* ⇒ Une quantité normale / réduite (quelques gouttes seulement).

- ◆ Pouvez-vous interrompre volontairement vos mictions ?
- ⇒ *Can you stop urinating whenever you want to?*

- ◆ La puissance du jet a-t-elle changé ces derniers temps ?
- ⇒ *Have you noticed any change in the force of the stream recently?*

- ◆ Vos mictions s'achèvent-elles par de multiples gouttes d'urine ?
- ⇒ *When you stop urinating, does your water dribble?*

- ◆ Quand vous urinez, cela vous fait-il mal ?
- ⇒ *Do you find it painful urinating?*

  - ○ *Yes, it burns.* ⇒ Oui, cela me brûle.

- ◆ Avez-vous déjà eu une maladie vénérienne (= MST) ?
- ⇒ *Have you ever had venereal disease (= VD)?*

  - ○ *Syphilis.* ⇒ La syphilis.
  - ○ *Gonorrhea (once / several times).* ⇒ Une / Plusieurs blénorragie(s).

- ◆ Avez-vous eu récemment un traumatisme ou avez-vous reçu un coup au niveau des reins, du ventre ou des organes génitaux ?
- ⇒ *Have you had any serious injuries recently, or been hit in the small of your back, below the belt, or in the genitals?*

  - ○ *Yes, I was kicked while playing football.* ⇒ Oui, j'ai reçu un coup de pied en jouant au football.
  - ○ *Yes, I had a car accident.* ⇒ Oui, j'ai eu un accident de voiture.

○ *Yes, I fell off my bike, and hit my middle on the frame.* ⇒	Oui, j'ai fait une chute de vélo et j'ai alors heurté le cadre avec le pubis.

♦ Avez-vous fait un long voyage en voiture ou en train ces jours derniers ?
⇒ *Have you been on a long car or train journey in the last few days?*

○ *Yes, I've just come from Britain / Germany / Denmark / Sweden / the Netherlands, and it was very hot.* ⇒	Oui, je suis venu de Grande-Bretagne / d'Allemagne / du Danemark / de Suède / des Pays-Bas, et il a fait très chaud.

♦ Avez-vous bu alors de l'eau en grande quantité ?
⇒ *Did you drink plenty of water during the journey?*

♦ Avez-vous remarqué un changement dans la couleur de vos urines ?
⇒ *Have you noticed any change in the colour of your water?*

○ *Yes, it's been cloudy and dark for ... days / since yesterday / this morning.* ⇒	Oui, elles sont troubles et foncées depuis ... jours / depuis hier / ce matin.
○ *Yes, it's red.* ⇒	Oui, elles sont rouges.

♦ Urinez-vous du sang ?
⇒ *Have you noticed any blood in your urine?*

Pour le traitement déjà suivi et le nom des médicaments, voir chap. 2, pp. 38-39.

---

3. DOULEUR

♦ La douleur vous réveille-t-elle la nuit ? Vous empêche-t-elle de dormir ?

Urologie - néphrologie

⇒ *Does the pain wake you up at night? Does it stop you from sleeping?*

♦ Depuis combien de temps ressentez-vous cette douleur ?
⇒ *How long have you had the pain?*

- *... days / weeks / months / years.* ⇒ Depuis ... jours / semaines / mois / années.

♦ La douleur survient-elle avant, pendant ou après les mictions ?
⇒ *Does the pain come on before, while or after you pass water?*

- *It burns when I pass water.* ⇒ Quand j'urine, cela me brûle.
- *I get pains in the small of my back when I pass water.* ⇒ Quand j'urine, je ressens des douleurs dans le bas des reins.

♦ Souffrez-vous en ce moment ? Pouvez-vous me montrer à quel endroit ?
⇒ *Are you in pain at the moment? Could you show me where it hurts?*

- *I can't stand it any more, it's excruciating. Do something to make it better.* ⇒ Je ne peux plus tenir, j'ai trop mal. Faites quelque chose pour calmer la douleur.

Pour la description de la douleur, ainsi que pour ses facteurs d'aggravation ou d'apaisement, voir chap. 3, pp. 42-43 et 49-50.

4. ŒDÈMES

♦ Buvez-vous souvent dans la journée ?
⇒ *Do you often drink in the daytime?*

- *Never. / Hardly ever.* ⇒ Jamais. / Presque jamais.
- *Quite often. / Very often.* ⇒ Assez souvent. / Très souvent.
- *I drink at least ... litres a day.* ⇒ Je bois au moins ... litres par jour.

♦ Depuis quand avez-vous... ⇒ *How long have...*
- les chevilles gonflées / le visage gonflé ? ⇒ *your ankles / your face been swollen?*
- des œdèmes sur le bras / la jambe ? ⇒ *you had fluid on your arm / your leg?*

Pour le poids et ses variations, voir chap. 6, pp. 75-76.

Gynécologie 16

1. INTERROGATOIRE SUR LE CYCLE MENSTRUEL

♦ Bonjour, je suis le gynécologue.
⇒ *Good morning / afternoon / evening. I'm the gynaecologist.*

♦ Pouvez-vous m'expliquer ce qui vous arrive ?
⇒ *Could you tell me what seems to be the matter?*

- *I've been getting pains in my pelvic area (on the right / left side) for a week / two days / one day / a few hours.* ⇒ J'ai mal dans le bas-ventre (du côté droit / du côté gauche) depuis une semaine / deux jours / un jour / quelques heures.

♦ Quel âge avez-vous ? Quand avez-vous eu vos premières règles ?
⇒ *How old are you? When did your periods first start?*

♦ Vos règles sont-elles régulières ?
⇒ *Are your periods regular?*

- *Yes, every 28 / 30 days.* ⇒ Oui, tous les 28 / 30 jours.
- *I'm not sure – once a month.* ⇒ Je ne sais pas trop : une fois par mois.

♦ Ressentez-vous des douleurs avant ou pendant vos règles ?
⇒ *Does it hurt before or during your periods?*

- *I have to stay in bed as I get a pain in my belly.* ⇒ Je suis obligée de rester couchée, car je ressens une douleur dans le ventre.

- *At times I get very tired and feel faint.* ⇒ Il m'arrive d'être très fatiguée et d'avoir des malaises.

◆ Avez-vous oublié de prendre votre pilule ces derniers temps ?
⇒ *Have you forgotten to take the pill lately?*

◆ Quand avez-vous eu vos dernières règles ?
⇒ *When was your last period?*

◆ Avez-vous un retard dans vos règles ?
⇒ *Are your periods late?*

- *Yes, I'm ... days late.* ⇒ Oui, de ... jours.

◆ Cela vous est-il déjà arrivé ?
⇒ *Has this ever happened before?*

◊ *I think I'm pregnant and...* ⇒ Je crois être enceinte et...
- *I want to keep the child.* ⇒ je veux garder l'enfant.
- *I want to have an abortion.* ⇒ je veux avorter.

2. INTERROGATOIRE SUR LES PERTES ET LES SAIGNEMENTS

◆ Avez-vous des pertes vaginales ? Pourriez-vous les décrire ?
⇒ *Have you noticed any discharge from your vagina? Could you describe it?*

- *It's creamy white / pink / red / dark brown / greenish / yellow / foul-smelling.* ⇒ Elles sont blanchâtres / rosées / rougeâtres / brun foncé / verdâtres / jaunâtres / nauséabondes.

◆ Ces pertes se produisent-elles à un moment particulier de votre cycle ?

⇒ *Does this occur at any particular point in the menstrual cycle?*

- *Near the beginning.* ⇒ Vers le début.
- *About half way through.* ⇒ Vers le milieu.
- *Near the end.* ⇒ Vers la fin.
- *Around the 15th / 25th day.* ⇒ Vers le 15e / le 25e jour.

♦ Avez-vous eu des pertes de sang récemment ?
⇒ *Have you had any bleeding recently?*

♦ Cela s'est-il produit pendant ou entre vos règles ?
⇒ *Was this during or in between your periods?*

♦ Perdez-vous du sang en ce moment même ? Depuis combien de jours saignez-vous ?
⇒ *Are you losing blood at the moment? How many days have you had the bleeding for?*

♦ Le sang que vous perdez est-il rouge ou noir ? Avez-vous perdu des caillots de sang ?
⇒ *Is the blood bright or dark in colour? Have you passed any clots?*

♦ Je pense que c'est une fausse couche.
⇒ *I think you've had a miscarriage.*

3. INTERROGATOIRE SUR LA VIE SEXUELLE ET LA CONTRACEPTION

♦ Avez-vous des rapports sexuels réguliers ?
⇒ *Do you have sexual intercourse regularly?*

♦ Avez-vous mal lors de ces rapports ?
⇒ *Does it hurt when you have intercourse?*

♦ Avez-vous plusieurs partenaires sexuels ?
⇒ *Do you have several partners?*

♦ Avez-vous des rapports sexuels avec des prostitués ?
⇒ *Do you sometimes have intercourse with male prostitutes?*

♦ Utilisez-vous un moyen de contraception ? Lequel ?
⇒ *Do you use any form of contraception? What?*

○ *I'm on the pill.*	⇒ Je prends la pilule.
○ *I've had a coil fitted.*	⇒ Je me suis fait poser un stérilet.
○ *I use condoms.*	⇒ J'utilise des préservatifs.
○ *I use a diaphragm.*	⇒ J'utilise un diaphragme.
○ *I use vaginal foam.*	⇒ J'utilise un gel spermicide.

♦ Avez-vous déjà eu des maladies vénériennes ?
⇒ *Have you ever had venereal disease (= VD)?*

> Pour les maladies vénériennes, voir chap. 15, p. 183.

♦ Avez-vous déjà eu un test de dépistage du sida ?
⇒ *Have you had an Aids test?*

○ *Yes, and I'm HIV positive / negative.*	⇒ Oui, et je suis séropositive / séronégative.
○ *I've got Aids.*	⇒ J'ai le sida.

♦ Acceptez-vous de subir un test de dépistage du sida ?
⇒ *Are you prepared to have an Aids test?*

♦ Revenez me voir dans une semaine pour chercher vos résultats.
⇒ *Come back in a week's time to pick up the results.*

♦ Votre test est négatif.
⇒ *The result of the test is negative.*

◆ Votre test est malheureusement positif. Nous allons vous donner des indications pour vous aider à faire face à ce problème.
⇒ *I'm afraid the test is positive. We're going to give you some advice on how to cope with this.*

4. EXAMEN CLINIQUE

◆ Je vais vous faire un examen vaginal. Veuillez vous déshabiller et vous allonger sur la table d'examen.
⇒ *I'm just going to examine your private parts. Would you mind undressing and lying down on the examination table?*

◆ Mettez vos pieds ici, dans les étriers.
⇒ *Could you put your feet here in the stirrups?*

◆ Avez-vous mal quand j'appuie ici ?
⇒ *Does it hurt when I press here?*

◆ Je vais faire un prélèvement vaginal et un frottis du col utérin. Toussez.
⇒ *I'm just going to take a vaginal swab and perform a cervical smear. Could you cough?*

◆ Le col de l'utérus est sain / infecté / inflammatoire / ouvert / fermé.
⇒ *The neck of the womb is normal / infected / inflamed / open / closed.*

◆ Tout paraît normal. / Il y a un écoulement suspect.
⇒ *Everything seems to be normal. / There's some unusual discharge.*

◆ Je vais vous examiner les seins. Levez les bras.
⇒ *I'm going to examine your breasts. Could you raise your arms?*

♦ Vous a-t-on déjà fait une mammographie (= une radiographie des seins) ?
⇒ *Have you ever had a mammography (= a breast X-ray)?*

5. PATHOLOGIES

A. SALPINGITE

♦ Avez-vous de la fièvre ?
⇒ *Do you have a temperature?*

> Pour la température, voir chap. 6, pp. 73-74.

♦ Nous allons vous faire passer des examens complémentaires.
⇒ *We're going to do some more tests.*

♦ Les symptômes que vous présentez (fièvre, pertes vaginales, douleur) et les résultats de vos examens montrent que vous avez une salpingite (c'est-à-dire une inflammation des trompes). Vous avez été infectée lors de rapports sexuels. Il va falloir suivre un traitement antibiotique pendant six semaines.
⇒ *Your symptoms (high temperature, vaginal discharge and pain), along with the results of your tests, indicate that you have salpingitis (i.e. inflammation of the Fallopian tubes). You became infected during intercourse. I'm putting you on antibiotics for the next six weeks.*

◊ *I don't want to take antibiotics.*
⇒ Je ne veux pas de traitement antibiotique.

♦ Nous pensons que vous avez une infection grave. Il faut donc impérativement suivre ce traitement jusqu'au bout. Il est également nécessaire que votre partenaire se fasse traiter. Prévenez-le le plus rapidement possible.

⇒ *We believe you have a serious infection. That's why it's essential you should have the complete course of treatment. Your partner also needs to be treated. You should inform him as soon as possible.*

♦ Nous allons pendant un certain temps vous administrer le traitement par voie intraveineuse. Il faut donc que vous restiez à l'hôpital quelques jours.
⇒ *As the treatment will be administered intravenously, you'll have to be kept in hospital for a few days.*

○ *I don't want to / I can't stay here. You could just as easily put me on tablets.*	⇒ Non, je ne veux pas / je ne peux pas rester. Vous pourriez tout aussi bien prescrire des comprimés.

♦ Les doses d'antibiotiques nécessaires pour arrêter l'infection sont très importantes et ne peuvent pas simplement être avalées.
⇒ *The antibiotics must be taken in very large doses in order to stop the infection. They can't just be taken orally.*

♦ Si vous n'acceptez pas ce traitement, je dois vous prévenir que vous prenez le risque d'avoir de sérieuses complications. L'infection pourrait s'étendre et provoquer une péritonite. Elle peut boucher vos trompes et vous empêcher d'avoir des enfants.
⇒ *If you're not prepared to be treated, I must inform you that you run the risk of serious complications. The infection could spread and cause peritonitis. It could block your Fallopian tubes and prevent you from having children.*

B. GROSSESSE EXTRA-UTÉRINE

♦ Avez-vous fait un test de grossesse ?
⇒ *Have you had a pregnancy test?*

- *I've used a test which I bought from a chemist's. It's positive / negative.* ⇒ J'ai fait un test que j'ai acheté en pharmacie. Il est positif / négatif.

♦ Pensez-vous être enceinte ?
⇒ *Do you think you're pregnant?*

- *I'm not sure, but my periods are two / three weeks late.* ⇒ Je n'en suis pas sûre, mais mes règles ont un retard de quinze jours / de trois semaines.

♦ Où avez-vous mal ?
⇒ *Where does it hurt?*

- *In my right / left side, and the pain is going from under my ribs up towards my shoulder.* ⇒ Au côté droit / gauche ; la douleur remonte sous les côtes, vers l'épaule.

♦ Nous allons d'abord faire un examen gynécologique et une échographie.
⇒ *We're first of all going to do a gynaecological examination, and then an ultrasound scan.*

♦ Vous avez malheureusement une grossesse extra-utérine (c'est-à-dire qu'un ovule fécondé s'est développé à l'extérieur de la cavité de l'utérus). Il va donc falloir vous opérer tout de suite. Nous allons vous faire une prise de sang et vous préparer pour l'intervention.
⇒ *I'm afraid this is an ectopic pregnancy (which means that a fertilized egg has developed outside the womb), so you need to be operated on immediately. We're going to give you a blood test and get you ready for the operation.*

Maternité 17

1. INTERROGATOIRE

♦ Bonjour. Je suis la sage-femme.
⇒ *Good morning / afternoon / evening. I'm the midwife.*

♦ Êtes-vous suivie régulièrement par un médecin ou par un gynécologue ?
⇒ *Have you been paying regular visits to your doctor or gynaecologist?*

♦ Nous allons faire un test sanguin pour confirmer la grossesse.
⇒ *We're going to give you a blood test to check that you're pregnant.*

♦ Nous allons vous faire une échographie.
⇒ *You're going to have an ultrasound scan.*

♦ Vous êtes / Vous n'êtes pas enceinte.
⇒ *You are / You are not pregnant.*

♦ Avez-vous fait faire récemment des examens sanguins (test de rubéole, de syphilis, de sida ou de toxoplasmose), une numération formule sanguine ou un dosage plasmatique ?
⇒ *Have you had any blood tests (for German measles, syphilis, Aids, or toxoplasmosis), a flood count or a plasma level done recently?*

♦ Avez-vous fait faire des examens d'urines pour la recherche de glucose, d'acétone, d'albumine ou d'infection urinaire ?

⇒ *Have you had a urine sample recently to check for glucose, acetone, albumine, or any infections?*

♦ Savez-vous depuis quand vous êtes enceinte ?
⇒ *Do you know how long you've been pregnant?*

 ◦ *... weeks / months.*   ⇒ ... semaines / mois.

♦ Avez-vous eu des problèmes de santé depuis le début de votre grossesse ?
⇒ *Have you had any health problems since you became pregnant?*

◦ *My blood pressure has been a bit high.*	⇒ J'ai une tension artérielle un peu trop élevée.
◦ *I've had albumine / sugar in my urine.*	⇒ J'ai de l'albumine / du sucre dans les urines.
◦ *I've been having a lot of contractions.*	⇒ J'ai de nombreuses contractions.
◦ *I bled several times at the beginning of my pregnancy.*	⇒ J'ai eu plusieurs hémorragies au début de ma grossesse.

♦ Quand devez-vous accoucher ?
⇒ *When is the baby due?*

◦ *... months / weeks / days from now.*	⇒ Dans ... mois / semaines / jours.
◦ *Any day now.*	⇒ D'un jour à l'autre.

♦ Sentez-vous le bébé bouger ?
⇒ *Can you feel the baby moving?*

◦ *It's moving a lot.*	⇒ Il bouge beaucoup.
◦ *It hasn't moved for ... days.*	⇒ Depuis ... jours, il ne bouge plus.

♦ Lors de votre dernière visite chez le médecin, vous a-t-on dit comment se présente le bébé ?

⇒ *When you last saw the doctor, did he tell you how the baby was presenting?*

- *It is in the breech / head position.* ⇒ Il se présente par le siège / par la tête.

♦ Vous a-t-on déjà fait une radiographie du bassin ?
⇒ *Have you had an X-ray taken of your pelvis?*

- *Yes, and apparently it's too narrow.* ⇒ Oui, il est trop étroit, semble-t-il.

♦ Il faut faire une césarienne de toute urgence.
⇒ *You need to have a Caesarean as soon as possible.*

♦ Souhaitez-vous une péridurale ? Cela consiste à injecter un produit anesthésique en passant entre deux vertèbres. Vous n'aurez plus de sensibilité à partir du nombril, mais elle reviendra progressivement après l'intervention. Vous ne ressentirez donc aucune douleur, tout en pouvant bouger et voir naître votre bébé.
⇒ *Do you want to have an epidural anaesthetic? This involves injecting anaesthetic through the space between two vertebras. You'll go numb below the navel, but this will wear off gradually after the operation. You won't feel any pain, and you'll be able to move about and see your baby being born.*

♦ Nous allons écouter les battements du cœur du bébé.
⇒ *We're going to listen to the baby's heartbeat.*

2. ÉCHOGRAPHIE

♦ Voici l'embryon / le fœtus / le bébé.
⇒ *There is the embryo / the fetus / your baby.*

♦ Voici la tête, le corps, la jambe, le bras, la main, le pied, le cœur, le foie, le rein, la colonne vertébrale.

⇒ *There are its head, body, leg, arm, hand, foot, heart, liver, kidney, and backbone.*

♦ Tout est parfait / normal. Le placenta est bien placé.
⇒ *Everything's fine / normal. The placenta is in the right place.*

♦ Il y a plusieurs embryons. Vous avez des jumeaux / des triplés.
⇒ *There are several embryos. You're going to have twins / triplets.*

♦ Voulez-vous savoir quel est le sexe du bébé ?
⇒ *Do you want to know if it's a boy or a girl?*

♦ C'est une fille / un garçon. / Je n'arrive pas à distinguer si c'est une fille ou un garçon.
⇒ *It's a girl / a boy. / I can't make out which it is.*

♦ Je pense que le bébé présente peut-être une anomalie. / On dirait qu'il y a une malformation chez le bébé.
⇒ *I think there may be something wrong with your baby. / The baby appears to have a malformation.*

♦ Il va falloir déclencher l'accouchement.
⇒ *We'll have to induce labour.*

♦ Il va malheureusement falloir effectuer un avortement.
⇒ *I'm afraid we'll have to terminate the pregnancy.*

3. Accouchement

♦ Allongez-vous sur le lit / sur la table d'accouchement.
⇒ *Could you lie down on the bed / on the delivery table?*

♦ Avez-vous perdu les eaux ? Depuis combien de temps ?
⇒ *Have your waters broken? When did this happen?*

○ *They broke ... hours / days ago.*	⇒ Je les ai perdues il y a ... heures / jours.

♦ Comment était le liquide amniotique ?
⇒ *What was the amniotic fluid like?*

○ *Dark.*	⇒ Foncé.
○ *Light-coloured.*	⇒ De couleur claire.
○ *Foul-smelling.*	⇒ Nauséabond.

♦ Depuis combien de temps avez-vous des contractions ?
⇒ *How long have you been having contractions?*

○ *Since ... in the morning / in the afternoon.*	⇒ Depuis ... heures du matin / de l'après-midi.

♦ Quelle est leur fréquence ?
⇒ *How often do they occur?*

○ *Every ... minutes.*	⇒ Toutes les ... minutes.

♦ C'est le moment : il va falloir pousser pour faire sortir le bébé. Prévenez-moi dès que commenceront les contractions.
⇒ *It's time to start now. You'll need to push in order to let the baby out. Tell me when the contractions begin.*

♦ Maintenant allez-y. Attrapez les étriers, tirez, écartez les coudes. C'est cela. Encore une fois. Poussez fort avec votre ventre. Relâchez.
⇒ *Right, it's time to get going. Take hold of the traction bar, pull, and keep your elbows apart. That's it. One more time. Push hard with your stomach. Relax.*

♦ Reprenez votre souffle. Allons, encore un petit effort.
⇒ *Get your breath back. Right now, try again.*

♦ On voit les cheveux. Allez-y, poussez une dernière fois. Voilà, il arrive.

⇒ *We can see the hair. Come on, one last push. Here we are, it's coming out.*

♦ Je vais faire une épisiotomie (c'est-à-dire une incision dans le périnée pour l'empêcher d'être déchiré et pour faciliter le passage de la tête du bébé).
⇒ *I'm going to perform an episiotomy (i.e. a surgical incision into the perineum to stop the skin from becoming torn and help the baby's head out).*

♦ C'est un garçon / une fille. Coupez le cordon.
⇒ *It's a boy / a girl. Cut off the cord.*

♦ Je vais lui donner des soins, le peser, le mesurer, l'habiller.
⇒ *I'm going to look after him / her, weigh, measure and dress him / her.*

> Pour le poids et la taille, voir chap. 6, pp. 75-76.

♦ Comment allez-vous l'appeler ?
⇒ *What are you going to call him / her?*

4. Soins infirmiers spécifiques

♦ Je vais faire votre toilette intime. Pliez les jambes, soulevez les hanches. Je vais mettre le bassin.
⇒ *I'm going to wash your private parts. Bend your legs and lift your pelvis. I'm going to put you on a bedpan.*

♦ Pouvez-vous écarter les genoux ? Cela vous fait-il mal ?
⇒ *Can you open your knees wide? Does it hurt?*

♦ Je vais enlever la mèche et en mettre une autre.
⇒ *I'm going to remove the dressing and put another one on.*

♦ Je vais nettoyer votre périnée. Vous avez des agrafes / des fils.
⇒ *I'm going to clean your perineum. You have clips / wires on.*

◊ *How many? When are you going to take them off?*
⇒ Combien ? Quand allez-vous les enlever ?
- Dans huit jours. ⇒ *In a week's time.*

♦ Êtes-vous allée à la selle depuis l'accouchement ?
⇒ *Have you opened your bowels since the baby was born?*

∘ *No, I can't, it hurts too much.* ⇒ Non, je ne peux pas : cela me fait trop mal.

♦ Je vais vous donner quelque chose pour aller à la selle, car vous ne devez pas forcer.
⇒ *I'm going to give you something to help open your bowels, as you mustn't strain.*

♦ Avez-vous des pertes d'urines quand vous toussez, quand vous riez, quand vous faites un effort ?
⇒ *Does your water come away from you when you cough, laugh or strain?*

♦ Vous avez été déchirée lors de l'accouchement. / Vous avez eu une épisiotomie (c'est-à-dire une incision du périnée). Dans quelques jours vous irez mieux.
⇒ *Your skin was torn while you were giving birth. / You had an episiotomy (i.e. an incision of the perineum). You'll be better in a few days' time.*

♦ Votre utérus est (presque) revenu à sa taille normale.
⇒ *Your womb has (almost) gone back to its normal size.*

Pédiatrie 18

1. INTERROGATOIRE GÉNÉRAL

♦ Je suis le pédiatre / l'infirmière puéricultrice.
⇒ *I'm the paediatrician / the paediatric nurse.*

♦ Quel âge a ce bébé / cet enfant ?
⇒ *How old is your baby / your child?*

- *He's / She's ... weeks / months / years old.* ⇒ Il a ... semaines / mois / ans.

♦ Quel était son poids à la naissance ?
⇒ *How much did he / she weigh at birth?*

> En anglais, le poids est donné en « pounds ». 1 pound (1 lb) = 0,45 kg.

♦ Est-il né à terme, avant terme, ou à terme dépassé ?
⇒ *Was he born at full term, premature, or late?*

♦ Comment s'est passé l'accouchement ?
⇒ *What was the birth like?*

♦ S'est-il fait par césarienne, avec une ventouse ou avec des forceps ?
⇒ *Did you have a Caesarean, vacuum extraction or forceps?*

♦ Étiez-vous bien portante pendant la grossesse ? Avez-vous alors fumé, pris de la drogue, bu de l'alcool ou absorbé des médicaments ?
⇒ *Did you keep well while you were pregnant? Did you smoke, take drugs, drink alcohol, or take any medication?*

○ *I was given treatment to reduce the contractions / my blood pressure.* ⇒ J'ai suivi un traitement pour diminuer les contractions / pour faire baisser ma tension artérielle.

Pour le tabac, voir chap. 13, pp. 170-171. Pour la drogue, voir chap. 11, p. 138.

♦ Avez-vous eu récemment un dépistage du sida ? Êtes-vous séropositive ?
⇒ *Have you had an Aids test recently? Are you HIV positive?*

♦ Le bébé a-t-il eu aussi un dépistage du VIH ?
⇒ *Has the baby had an Aids test too?*

♦ A-t-il des frères et sœurs ? Combien ?
⇒ *Does he have any brothers and sisters? How many?*

♦ Sont-ils en bonne santé ?
⇒ *Are they in good health?*

♦ Est-il vacciné ? Avez-vous apporté son carnet de santé ?
⇒ *Has he been vaccinated? Have you brought his health record?*

♦ A-t-il eu des maladies infantiles (comme la varicelle, la coqueluche, la rougeole, la rubéole, la scarlatine, la roséole, les oreillons, une mononucléose infectieuse, des otites) ?
⇒ *Has he had any childhood diseases (such as chickenpox, whooping cough, measles, German measles, scarlet fever, roseola (= a rose-coloured rash), mumps, glandular fever, or inflammation of the ear)?*

♦ A-t-il été en contact avec des enfants malades ou contagieux ?
⇒ *Has he been in contact with any sick or contagious children?*

Pédiatrie

- ◆ Suit-il un traitement médical ? Lequel ?
- ⇒ *Is he having treatment for anything? What for?*

- ◆ Craint-il le froid ou le chaud ?
- ⇒ *Does he feel the cold or heat?*

- ◆ A-t-il déjà été hospitalisé ?
- ⇒ *Has he been in hospital before?*

2. ORIENTATIONS PATHOLOGIQUES

A. PROBLÈMES DIGESTIFS, DÉSHYDRATATION

- ◆ Pouvez-vous me dire ce qui arrive au bébé ?
- ⇒ *Can you tell me what's wrong with your baby?*

  - ○ *He's been crying a lot since yesterday / for several days / hours, and I just can't understand what's wrong with him.*
  - ⇒ Depuis hier / Depuis plusieurs jours / heures, il pleure beaucoup. Je n'arrive vraiment pas à comprendre ce qu'il a.

- ◆ Mange-t-il normalement ?
- ⇒ *Has he been eating normally?*

  - ○ *He doesn't seem to be hungry. He won't eat / drink.*
  - ⇒ Il ne semble pas avoir faim. Il refuse de manger / de boire.

  - ○ *He starts eating, but stops almost at once.*
  - ⇒ Quand il commence à manger, il s'arrête presque aussitôt.

  - ○ *He gobbles his food down, and then seems to have an upset stomach.*
  - ⇒ Il mange goulûment et donne ensuite l'impression d'avoir mal au ventre.

  - ○ *He brings up his food after eating, and then starts crying again.*
  - ⇒ Après avoir mangé, il vomit et se remet à pleurer.

♦ A-t-il uriné au cours des dernières heures ?
⇒ *Has he passed water in the last few hours?*

- *Yes, his nappy was wet.* ⇒ Oui, la couche était mouillée.

♦ Est-il allé à la selle aujourd'hui ?
⇒ *Has he been to the toilet today?*

♦ Quand est-il allé à la selle la dernière fois ?
⇒ *When did he last go to the toilet?*

- *Yesterday. / ... days ago.* ⇒ Hier. / Il y a ... jours.

♦ Comment sont / étaient ses selles ?
⇒ *Can you describe his stools?*

- *They are / were normal / hard / soft / watery / greenish / foul-smelling.* ⇒ Elles sont / étaient normales / dures / molles / liquides / verdâtres / nauséabondes.

♦ A-t-il perdu du poids ?
⇒ *Has he lost weight?*

◊ *He's had a temperature and diarrhoea for several days, and he's been bringing up his drink / his food. I've not been able to get him to drink today. He's listless and sleepy.*
⇒ Depuis plusieurs jours, il a de la fièvre, de la diarrhée, et il vomit son biberon / ses repas. Aujourd'hui, je ne suis pas arrivée à le faire boire. Il est complètement amorphe et endormi.

♦ Je pense que cet enfant a une gastro-entérite, qui se complique de déshydratation. Il faut le réhydrater et lui faire prendre un traitement qui combattra l'infection intestinale.
⇒ *I think your child has gastroenteritis and is also dehydrated. He needs to be rehydrated, and we'll give him something to fight off the bowel infection.*

◊ *He had a nap in the car / in the tent / on the beach. He was very hot and red when I picked him up.*
⇒ Il a fait la sieste dans la voiture / dans la tente / sur la plage. Quand je l'ai pris, il était très chaud et tout rouge.

♦ Je pense que cet enfant a un coup de chaleur / de soleil. Il est sévèrement déshydraté. Il faut donc l'hospitaliser immédiatement pour le réhydrater en le perfusant.
⇒ *I think your child has a heatstroke / sunburn. He is seriously dehydrated, and needs to be taken in immediately to be rehydrated using a drip.*

◊ *He's not been to the toilet for a week. / His stools are hard. It obviously hurts when he goes to the toilet.*
⇒ Il n'a pas été à la selle depuis huit jours. / Ses selles sont dures. Visiblement, cela lui fait mal quand il va à la selle.

♦ Cet enfant est constipé / a une occlusion intestinale. Nous allons lui faire un lavement très doux et des radiographies, puis le surveiller pour voir comment évolue la situation.
⇒ *Your child is constipated / has an obstruction of the bowels. We're going to give him a very mild enema (i.e. flush his bowels out) and some X-rays, and then monitor him to see if there are any further developments.*

B. CONVULSIONS

◊ *He had a very high temperature for a few hours, and then he suddenly came over in convulsions and started rolling his eyes. Then he remained motionless.*
⇒ Après avoir eu une forte fièvre pendant quelques heures, il a soudain été pris de mouvements convulsifs et ses yeux se sont révulsés. Ensuite, il est resté inerte.

♦ Votre enfant a-t-il déjà eu des convulsions hyperthermiques ?

⇒ *Has your child ever had convulsions caused by an extremely high temperature?*

♦ Votre enfant a de la fièvre. Il faut surveiller sa température régulièrement / toutes les deux heures. Pour éviter qu'il n'ait des convulsions, vous lui donnerez ce médicament toutes les trois heures. Si la température dépasse 39°5, il faut le découvrir et lui donner un bain dont la température sera inférieure de deux degrés à celle de son corps. Vous pouvez aussi l'envelopper dans une serviette éponge trempée dans de l'eau froide / lui mettre sur la tête un sac de glaçons, enveloppé dans un linge.

⇒ *Your child has a temperature. You need to check his temperature regularly / every two hours. To stop him from having convulsions, give him this tablet every three hours. If his body temperature goes above 103°F, take the covers off and give him a bath about 4°F below his body temperature. You can also wrap him in a terry towel dipped in cold water / put an ice bag wrapped in a cloth on his head.*

> Pour la température et la correspondance entre degrés Celsius et degrés Fahrenheit, voir chap. 6, p. 73.

C. PROBLÈMES RESPIRATOIRES

◊ *My child is having difficulty breathing. He has a cough, a runny nose, and keeps holding his ears and crying. He says they hurt.*

⇒ Mon enfant a du mal à respirer. Il tousse, son nez coule, et il ne cesse de pleurer en se touchant les oreilles. Il dit qu'elles lui font mal.

♦ Est-il souvent malade ? A-t-il fréquemment des rhumes, des angines, des otites ? A-t-il souvent le nez qui coule ?

⇒ *Is he a sickly child? Does he often get colds, throat infections, or inflammation of the ear? Does he often have a runny nose?*

♦ A-t-il déjà fait des bronchites, des rhinites, des pharyngites ?
⇒ *Has he ever had bronchitis, rhinitis or pharyngitis?*

♦ Je vais examiner son nez, sa bouche et ses oreilles. Pouvez-vous le tenir ?
⇒ *I'm going to examine his nose, mouth and ears. Can you hold him, please?*

♦ Sa gorge et ses tympans sont très rouges. C'est une otite aiguë bilatérale. Je vais faire une paracentèse (c'est-à-dire que je vais pratiquer une petite ouverture dans le tympan afin que l'infection qui se trouve derrière puisse s'écouler librement et ainsi soulager la douleur). Je vais aussi le mettre sous antibiotiques.
⇒ *His throat and eardrums are very red. It's acute bilateral otitis (i.e. inflammation of both ears). I'm going to carry out a paracentesis (which means I'm going to make a small opening in his eardrum to drain off the infection behind it, in order to relieve the pain). I'm also going to put him on antibiotics.*

◊ *My child suffers from chronic asthma. He's on spray-on corticoids, and is given bronchodilator treatment whenever he has attacks. But this time the asthma won't go away, and he can't breathe.*
⇒ Mon enfant a de l'asthme chronique. Il prend des corticoïdes par spray inhalé et, en cas de crise, un traitement par bronchodilatateurs. Mais cette fois-ci la crise d'asthme ne passe pas et il s'asphyxie.

♦ Nous allons tout faire pour le soulager rapidement. Nous allons lui donner de l'oxygène et lui faire une injection qui va stopper la crise. Parlez-lui calmement. Rassurez-le en lui expliquant que tout va bien aller.

⇒ *We'll do our best to make him feel better as soon as we can. We'll give him oxygen and an injection which will stop the attack. Talk to him quietly. Tell him not to worry – everything will be all right.*

D. PROBLÈMES ACCIDENTELS

♦ Pouvez-vous raconter ce qui s'est passé ? Étiez-vous présente ?
⇒ *Could you tell me what happened? Were you there at the time?*

○ *He fell off the changing table / out of bed / out of his cradle. Since then, he's been looking very pale and sleepy, and has been bringing up his food.*	⇒ Il est tombé de la table à langer / du lit / de son couffin. Depuis, il est tout pâle et endormi. Il a aussi vomi son repas.

♦ Nous allons lui faire des radiographies et des examens neurologiques.
⇒ *We're going to give him some X-rays and neurological tests.*

♦ Les examens montrent qu'il y a certainement un problème au niveau du cerveau. Nous allons donc diriger dans les plus brefs délais votre enfant vers un service spécialisé.
⇒ *As the tests suggest that the brain may be affected, we're going to send him to a specialized unit as soon as possible.*

◊ *What can I do? I want to see him.*
⇒ Qu'est-ce que je peux faire ? Je veux le voir.

- Vous ne pouvez pas le voir en ce moment, mais ce sera possible avant son départ. Nous le préparons pour son transfert et nous avons contacté le SAMU de l'hôpital de ..., qui va venir le chercher en hélicoptère / en ambulance.

⇒ *You can't see him right now, but you will be able to before he leaves. We're getting him ready to be taken to another hospital. We've been in touch with the mobile accident unit of ... Hospital, and they are coming to pick him up in a helicopter / an ambulance.*

♦ Les examens sont rassurants : il n'y a rien de grave ; mais par mesure de précaution, nous allons garder votre enfant encore un peu pour le surveiller. Si tout va bien dans quarante-huit heures, vous pourrez le ramener chez vous.

⇒ *The tests look good – there's nothing serious, but just to be on the safe side, we're going to keep your child in a little longer to keep an eye on him. If everything's all right in two days' time, you'll be able to take him home.*

◊ *Can I stay here with him?*
⇒ Est-il possible que je reste avec lui à l'hôpital ?

- Oui, nous avons quelques chambres d'hospitalisation mère-enfant.

⇒ *Yes, we have a few rooms which mothers can stay in with their children.*

- Cela est malheureusement impossible, étant donné la configuration de notre service, et nous le regrettons vraiment.

⇒ *I'm afraid it's not possible because of the layout of the ward. We're very sorry about this.*

3. Croissance

♦ Cet enfant a-t-il eu une croissance régulière depuis sa naissance ?
⇒ *Has your child been growing regularly since he was born?*

♦ À quel âge a-t-il… ⇒ *How old was he when he…*
- fait son premier sourire ? ⇒ *first smiled?*
- eu sa première dent ? ⇒ *cut his first tooth?*
- pu se tenir assis seul ? ⇒ *first managed to sit up on his own?*
- rampé ? ⇒ *first crawled?*
- tenu sur ses jambes ? ⇒ *became steady on his feet?*
- fait ses premiers pas ? ⇒ *took his first steps?*
- dit ses premiers mots ? ⇒ *spoke his first words?*
- commencé à faire de véritables phrases ? ⇒ *started using proper sentences?*

♦ À quel âge a-t-il été propre ?
⇒ *How old was he when he became toilet-trained?*

♦ A-t-il encore besoin de couches le jour / la nuit ?
⇒ *Does he still need nappies during the daytime / at night?*

♦ Urine-t-il encore au lit ?
⇒ *Does he still wet the bed?*

♦ Fait-il des cauchemars ?
⇒ *Does he have nightmares?*

4. Habitudes de vie

A. Comportement alimentaire

♦ Votre enfant est-il nourri au sein ou au biberon ?
⇒ *Is your child breast-fed or bottle-fed?*

♦ Nous allons devoir hospitaliser votre bébé. Puisque vous le nourrissez au sein, vous allez devoir tirer votre lait. Nous allons donc vous donner une ordonnance pour que vous puissiez louer un tire-lait dans une pharmacie. Après avoir fait sortir le lait du sein, vous le mettrez dans des biberons stériles que vous apporterez à l'hôpital / qu'une personne viendra chercher.
⇒ *Your baby needs to be kept in hospital. As he's being breast-fed, you'll have to draw your milk. We'll give you a prescription to hire a breast pump from a chemist's. Draw milk from your breasts, pour it into sterile bottles and bring them to the hospital / and somebody will come and fetch them.*

♦ Combien de repas / de biberons prend-il par jour ? À quelle heure ?
⇒ *How many meals / bottles a day does he have? When does he have them?*

♦ Lui donnez-vous des vitamines ?
⇒ *Does he have a vitamin supplement?*

♦ Que mange-t-il habituellement ?
⇒ *What kind of food does he normally eat?*

○ *Meat / Fish / Eggs / Liquidized greens / Vegetable purée / Potatoes / Pasta.* ⇒ De la viande / Du poisson / Des œufs / Des légumes verts mixés / Des légumes verts en purée / Des pommes de terre / Des pâtes.

- *Yoghourts / Fromage frais / Cheese.* ⇒ Des yaourts / Du fromage blanc / Du fromage sec.
- *Fresh fruit (bananas, pears, apples, apricots, strawberries) / Stewed fruit / Jars of baby food.* ⇒ Des fruits frais (bananes, poires, pommes, abricots, fraises) / Des compotes / Des petits pots de fruits.
- *Biscuits / Cakes / Bread.* ⇒ Des biscuits / Des gâteaux / Du pain.

♦ Y a-t-il des aliments qu'il supporte mal ou ne veut pas manger ?
⇒ *Is there anything that doesn't agree with him, or that he won't eat?*

- *Eggs / Milk / Fish / Shellfish / Strawberries.* ⇒ Les œufs / Le lait / Le poisson / Les coquillages / Les fraises.

♦ A-t-il bon appétit ?
⇒ *Is he normally a good eater?*

♦ S'étouffe-t-il ou a-t-il des régurgitations quand il boit ?
⇒ *Does he choke on his drink or bring it up?*

B. Sommeil

♦ Dort-il bien ?
⇒ *Does he sleep well?*

♦ Combien d'heures dort-il habituellement par nuit ?
⇒ *How many hours' sleep does he usually get at night?*

♦ Fait-il une sieste l'après-midi ?
⇒ *Does he have a nap in the afternoon?*

♦ Dort-il en général sur le côté, sur le dos ou sur le ventre ?
⇒ *Does he normally sleep on his side, back, or stomach?*

Pédiatrie

♦ A-t-il besoin de tenir un objet fétiche pour s'endormir ?
⇒ *Does he need to have his favourite toy with him to go to sleep?*

- *A teddy / A cuddly toy / A cushion / A dummy.* ⇒ Un nounours / Une peluche / Un coussin / Une tétine.

♦ L'avez-vous apporté ? Pourrez-vous l'apporter ?
⇒ *Have you brought it here? Could you bring it here?*

♦ Suce-t-il son pouce ?
⇒ *Does he suck his thumb?*

5. Explications visant à rassurer les parents

♦ Votre enfant doit être hospitalisé dans un service de pédiatrie. Vous pourrez prendre rendez-vous pour rencontrer le médecin.
⇒ *Your child needs to be taken into a pediatric ward. You can make an appointment with the doctor.*

♦ Les visites sont autorisées à toute heure / de ... à ... heures.
⇒ *Visits are allowed at any time / from ... to ... o'clock.*

♦ Vous pouvez / Vous ne pouvez pas rester avec votre enfant.
⇒ *You can / You cannot stay with your child.*

♦ Vous pouvez téléphoner à ce numéro pour demander de ses nouvelles.
⇒ *You can call this number to find out how he's getting on.*

♦ Pour l'instant nous ne pouvons pas nous prononcer sur son état / sur l'évolution de sa maladie.

⇒ *It's difficult to say anything about his condition / about how he's doing for the moment.*

♦ Son état demeure stationnaire / est stable.
⇒ *His condition remains unchanged. / He is in a stable condition.*

♦ Ces symptômes sont parfaitement normaux / habituels.
⇒ *The symptoms are quite normal / usual.*

♦ Rassurez-vous… ⇒ *Don't worry…*
- il va vite guérir. ⇒ *he'll soon be well again.*
- tout va rentrer dans l'ordre. ⇒ *everything will be back to normal soon.*
- tout va s'arranger. ⇒ *everything will work out all right.*
- il n'y a rien à craindre pour l'avenir. ⇒ *there's no reason to fear for the future.*

Accidents et problèmes divers 19

1. Coups de soleil, coups de chaleur

♦ Combien de temps êtes-vous / est-il resté exposé au soleil ?
⇒ *How long did you / did he stay out in the sun?*

- *About ... hours.* ⇒ Environ ... heures.
- *All day.* ⇒ Toute la journée.

♦ Aviez-vous mis une crème ou une lotion solaire protectrice ?
⇒ *Did you put any suntan cream or lotion on?*

- *Yes, but only once. I forgot to put any on again afterwards.* ⇒ Oui, mais une seule fois. J'ai ensuite oublié d'en remettre.

♦ Dans quelles circonstances êtes-vous resté exposé au soleil / à la chaleur ?
⇒ *How did you come to be out in the sun / in the heat?*

- *I went for a long walk in the sun / in the mountains, but the sun didn't seem to be that hot.* ⇒ J'ai marché longtemps au soleil / en montagne, mais le soleil ne semblait pas brûler.
- *I worked outside for several hours.* ⇒ J'ai travaillé plusieurs heures dehors.
- *I went to an outdoor match.* ⇒ J'ai assisté à un match en plein air.
- *I went skiing / cycling / I took a boat out.* ⇒ J'ai fait du ski / du vélo / du bateau.
- *I spent a long time by the water / on the beach.* ⇒ Je suis resté longtemps au bord de l'eau / sur la plage.

- *We drove all day, and it was very hot.* ⇒ Nous avons voyagé en voiture toute la journée et il a fait très chaud.

- *The child kept in the shade under a beach umbrella, but he's gone bright red, has a temperature, and I can't understand what he's saying.* ⇒ L'enfant est resté à l'ombre d'un parasol, mais il est tout rouge, il a de la température et il dit des mots sans suite.

♦ C'est un coup de soleil important. Nous allons vous donner de quoi soulager la douleur et permettre la guérison de vos brûlures.
⇒ *You've got a bad sunburn. We're going to give you something to relieve the pain and help it heal up.*

♦ Nous allons vous prescrire une crème à mettre sur la brûlure. Il ne faudra pas retourner au soleil pendant au moins … jours.
⇒ *We're going to prescribe some cream to put on the sunburn. You must avoid going out into the sun again for at least … days.*

♦ C'est un coup de chaleur / une insolation. Il faut hospitaliser l'enfant pour faire baisser sa température et le réhydrater, ainsi que pour le calmer.
⇒ *He's got a heatstroke / sunstroke. We need to keep him in to get his temperature down and rehydrate him, and also to calm him down.*

2. Brûlures

♦ À quelle heure s'est produit l'accident ?
⇒ *When did the accident happen?*

- *About … o'clock.* ⇒ Vers … heures.

♦ Que s'est-il passé exactement ?
⇒ *What happened exactly?*

- *He knocked over a pan of boiling water.* ⇒ Il a renversé une casserole d'eau bouillante.
- *He spilled hot oil / acid over himself.* ⇒ Il s'est brûlé avec de l'huile bouillante / de l'acide.
- *He poured some petrol / methylated spirits on a barbecue / a fire / a heap of brambles / of waste, and his clothes caught fire.* ⇒ Il a versé de l'essence / de l'alcool à brûler sur un barbecue / un feu / un tas de ronces / de déchets, et ses vêtements ont pris feu.

♦ Qu'a-t-on fait ensuite ?
⇒ *What did you / they do next?*

- *We / they put out the fire by wrapping him in a blanket / some material.* ⇒ On a éteint les flammes en l'enroulant dans une couverture / un tissu.
- *We / They used a fire extinguisher.* ⇒ On a utilisé un extincteur.
- *We / They stripped his clothes off.* ⇒ On lui a enlevé ses vêtements.
- *They poured cold water over him.* ⇒ On l'a mis sous l'eau froide.

◊ *I'm in agony. Do something, please.*
⇒ Je souffre, c'est horrible. Je vous en prie, faites quelque chose.

- Ne vous faites pas de souci, on s'occupe de vous. On va vous donner tout de suite un calmant. ⇒ *Don't worry, we'll look after you. We're going to give you a painkiller right away.*

♦ C'est une brûlure au premier degré. Elle n'est que superficielle, même si elle est très douloureuse.

⇒ *It's a first-degree burn, and is only superficial, even if it does hurt.*

♦ C'est une brûlure au deuxième / troisième / quatrième degré. Elle atteint toutes les couches de la peau et est donc grave.
⇒ *It's a second / third / fourth-degree burn, which has affected all the layers of the skin and is therefore serious.*

♦ Nous allons évaluer le pourcentage de surface brûlée pour avoir un indice précis de la gravité.
⇒ *We'll need to estimate the percentage of burnt areas before we can tell exactly how serious it is.*

♦ Il est brûlé à ... %. Nous devons le diriger vers un service spécialisé / vers un service des grands brûlés.
⇒ *He has a ...% burn. We need to send him to a specialized department / to the burns unit.*

3. MYCOSES

◊ *My skin has come out in spots. / The skin is cracked in between my toes / under my feet / my arms, and it's itching terribly.*
⇒ J'ai des taches sur la peau. / J'ai des lésions entre les orteils / sous les pieds / les bras. Cela me démange beaucoup.

♦ Montrez-les moi.
⇒ *Could you show me it?*

♦ C'est très certainement une mycose (c'est-à-dire une infection provoquée par un champignon). Nous allons vous prescrire un médicament pour la soigner. Ce sera terminé dans quelques jours.

⇒ *You no doubt have mycosis (i.e. an infection caused by fungus). We'll prescribe something to relieve the pain. It'll be gone in a few days' time.*

4. Gelures

◊ *I have frostbite.*
⇒ J'ai des gelures.

◊ *I was out (skiing / hiking) in the cold for several hours.*
⇒ Je suis resté exposé au froid plusieurs heures (en faisant du ski / une randonnée).

◊ *It hurts when I move my fingers.*
⇒ J'ai mal quand je bouge les doigts.

◊ *I feel very tired and sleepy.*
⇒ Je me sens très fatigué. J'ai envie de dormir.

◊ *I've lost all sense of feeling in my nose / ears / fingers / toes.*
⇒ Je ne sens plus mon nez / mes oreilles / mes doigts / mes orteils.

♦ Nous allons vous réchauffer progressivement.
⇒ *We're going to warm you up gradually.*

♦ Nous allons vous mettre en observation.
⇒ *We're going to keep an eye on you.*

5. Piqûres

◊ *I / He was stung by a wasp / a bee / a hornet / a scorpion / a weever (a fish) / a jellyfish.*
⇒ J'ai été / Il a été piqué par une guêpe / une abeille / un frelon / un scorpion / une vive (un poisson) / une méduse.

◊ *I / He was bitten by mosquitoes / a spider.*
⇒ J'ai / Il a été piqué par des moustiques / une araignée.

◊ *I / He was stung / bitten by an animal / an insect, but I don't know what it was.*
⇒ J'ai / Il a été piqué par un animal / un insecte, que je n'ai pas réussi à identifier.

◆ Que s'est-il passé après cela ?
⇒ *What happened after that?*

- *We managed to pull the sting out.* ⇒ On a réussi à extraire le dard.
- *The area around the sting became red and swollen, and very painful.* ⇒ La zone autour du point de piqûre est devenue rouge, gonflée et très douloureuse.
- *The swelling spread to his face / lips / tongue / eyes.* ⇒ Le gonflement s'est propagé au visage / aux lèvres / à la langue / aux yeux.
- *The whole limb swelled up.* ⇒ Tout le membre a enflé.

6. Morsures

A. Morsure de chien ou de chat

◊ *I / He was bitten by a dog / a cat.*
⇒ J'ai / Il a été mordu par un chien / un chat.

◆ Cet animal vous appartient-il ?
⇒ *Is the animal yours?*

- *No, it's my neighbour's.* ⇒ Non, c'est celui d'un voisin.
- *No, it's a stray.* ⇒ Non, c'est un chien / un chat errant.

Accidents et problèmes divers

♦ Si vous connaissez le propriétaire, il faut lui demander le certificat de vaccination contre la rage qui a été délivré pour son chien / son chat. Si son animal n'est pas vacciné, il doit l'emmener chez un vétérinaire pour que celui-ci recherche d'éventuels signes de la rage.
⇒ *If you know who the owner is, you must ask him for a certificate stating that the dog / cat has had a rabies vaccination. If the animal has not been vaccinated, he must take it to a vet, who will check for any signs of rabies.*

♦ Une vaccination contre la rage est nécessaire car une fois déclarée, cette maladie est mortelle.
⇒ *You need to have a rabies vaccination, as rabies can be fatal once it sets in.*

♦ Si l'on constate que l'animal est atteint de la rage, nous entreprendrons aussitôt un traitement antirabique.
⇒ *If the animal turns out to have rabies, we'll start the appropriate treatment right away.*

B. Morsure de rongeur

◊ *I / He was bitten by a rat / a mouse.*
⇒ J'ai / Il a été mordu par un rat / une souris.

♦ Les rats transmettent rarement la rage, mais ils transmettent des maladies infectieuses. Êtes-vous vacciné contre le tétanos ?
⇒ *Rats do not usually pass on rabies, but they can pass on infectious diseases. Have you had an anti-tetanus vaccination?*

C. Morsure de serpent

◊ *I / He was bitten by a snake / a viper.*
⇒ J'ai / Il a été mordu par un serpent / une vipère.

♦ Vers quelle heure a eu lieu la morsure ? / Combien de temps s'est écoulé depuis ?
⇒ *About what time were you bitten? / How long ago was it?*

- *At / About ... o'clock.* ⇒ À / Vers ... heures.
- *About ... hours ago.* ⇒ Il y a environ ... heures.

♦ Nous allons nettoyer la morsure et vous injecter un sérum antivenimeux.
⇒ *We're going to clean the bite and inject you with an antivenin serum.*

7. INTOXICATIONS, EMPOISONNEMENTS

A. AVEC DES MÉDICAMENTS

♦ Pourriez-vous me dire quels médicaments ont été avalés ?
⇒ *Could you tell me what drugs you / he swallowed?*

- *Barbiturates (or sleeping pills).* ⇒ Des barbituriques (ou des somnifères).
- *Antidepressants.* ⇒ Des antidépresseurs.
- *Neuroleptics.* ⇒ Des neuroleptiques.
- *Antimalaria drugs.* ⇒ Des antipaludiques.
- *Paracetamol.* ⇒ Du paracétamol.
- *Aspirin.* ⇒ De l'aspirine.
- *Digitalin.* ⇒ De la digitaline.
- *Ether.* ⇒ De l'éther.

♦ Pouvez-vous me montrer / retrouver les boîtes ou les tubes de médicaments ?
⇒ *Could you show me / find the medicine boxes or tubes?*

♦ Savez-vous combien de comprimés il a absorbés ?
⇒ *Do you know how many tablets he took?*

♦ Nous allons lui faire une perfusion, un lavage gastrique, un dosage sanguin et urinaire du produit.
⇒ *We're going to put him on a drip, flush his stomach out, and measure how much of the product there is in his blood and urine.*

B. AVEC DES ALIMENTS

♦ Qu'a-t-il mangé dans les dernières vingt-quatre heures ?
⇒ *What has he eaten in the last twenty-four hours?*

○ *Wild mushrooms.*	⇒ Des champignons cueillis dans les bois.
○ *Seafood.*	⇒ Des fruits de mer.
○ *Shellfish.*	⇒ Des crustacés.
○ *Pork meat.*	⇒ De la charcuterie.
○ *Oriental food.*	⇒ Un repas asiatique.

♦ Pouvez-vous décrire les principaux symptômes ?
⇒ *Could you describe the main symptoms?*

○ *He feels very tired / exhausted.*	⇒ Il est très fatigué / épuisé.
○ *He has a temperature.*	⇒ Il a de la fièvre.
○ *He has a headache.*	⇒ Il a mal à la tête.
○ *He has a stomachache.*	⇒ Il a mal au ventre.
○ *He has diarrhoea.*	⇒ Il a la diarrhée.
○ *He keeps feeling sick.*	⇒ Il a des nausées.
○ *He keeps vomiting.*	⇒ Il vomit.

C. AVEC D'AUTRES PRODUITS

♦ Connaissez-vous le nom ou la nature du produit ingéré ?
⇒ *Can you tell me the name or nature of the product which he has swallowed?*

- *A household / cleaning product.* ⇒ Un produit ménager / d'entretien.
- *Washing-up / Dishwasher liquid.* ⇒ Du liquide vaisselle / pour lave-vaisselle.
- *Detergent / Liquid detergent.* ⇒ Du détergent / de la lessive liquide.
- *Bleach.* ⇒ De l'eau de javel.
- *Soda crystals.* ⇒ Du déboucheur pour évier.
- *Soap / Shampoo / Foam bath.* ⇒ Du savon / Du shampooing / Du bain moussant.
- *Petrol / Fuel-oil.* ⇒ De l'essence / Du fioul.
- *Methylated spirits / White spirit.* ⇒ De l'alcool à brûler / Du white-spirit.
- *Dye.* ⇒ Un produit colorant.
- *A farm / garden product.* ⇒ Un produit agricole / de jardinage.
- *Poisonous berries / plants which the child ate in the garden / while we were out in the countryside.* ⇒ Des baies / des plantes vénéneuses que l'enfant a mangées dans le jardin / quand nous sommes allés à la campagne.

♦ Pouvez-vous me montrer la bouteille ou le récipient qui contenait le liquide absorbé / un échantillon de la plante ou de la baie qui a été mangée ? Cela nous permettra d'administrer plus rapidement le bon antidote.

⇒ *Could you show me the bottle or container which the liquid he swallowed was in / a sample of the plant or berry which he ate? This will enable us to give him the appropriate antidote quicker.*

8. PROBLÈMES DENTAIRES

A. INTERROGATOIRE ET DIAGNOSTIC

♦ Bonjour. Je suis le dentiste de l'hôpital / le dentiste de garde. Qu'est-ce qui ne va pas ?
⇒ *Good morning / afternoon / evening. I'm the hospital dentist / the duty dentist. What seems to be the matter?*

- *I've got toothache.* ⇒ J'ai mal aux dents.
- *One of my teeth is decayed and is hurting a lot.* ⇒ J'ai une dent cariée qui me fait très mal.
- *My gums are really sore.* ⇒ Mes gencives me font très mal.
- *I think I've got an abscess (= a gumboil).* ⇒ Je pense avoir un abcès dentaire.

♦ Depuis quand avez-vous mal ?
⇒ *How long has it been hurting?*

- *For ... hours / days.* ⇒ Depuis ... heures / jours.

♦ Avez-vous de la fièvre ? Depuis quand ?
⇒ *Do you have a temperature? How long have you had it?*

Pour la température, voir chap. 6, pp. 73-74.

♦ Vous avez du sang dans la bouche. Rincez-vous. Que vous est-il arrivé ?
⇒ *You've got blood in your mouth. Could you rinse it out? What happened to you?*

- *I fell over.* ⇒ Je suis tombé.
- *I bumped into a door / a piece of furniture.* ⇒ Je me suis cogné contre une porte / contre un meuble.
- *I was hit.* ⇒ J'ai reçu un coup.

- *I was punched.* ⇒ J'ai reçu un coup de poing.

♦ Vous vous êtes abîmé une dent / plusieurs dents.
⇒ *One of your teeth has been / Several teeth have been damaged.*

♦ Avez-vous suivi un traitement ? Avez-vous la boîte ?
⇒ *Have you taken anything for it? Do you have the container with you?*

- *I've only taken pain- killers.* ⇒ J'ai seulement pris des calmants.
- *I've been giving myself mouthwashes.* ⇒ J'ai fait des bains de bouche.
- *I've taken antibiotics.* ⇒ J'ai pris des antibiotiques.

♦ Avez-vous déjà eu des abcès ou d'autres problèmes dentaires ?
⇒ *Have you ever had any abscesses or other problems with your teeth before?*

♦ Veuillez-vous asseoir. Pouvez-vous ouvrir la bouche ? Plus grand, s'il vous plaît.
⇒ *Sit down, please. Could you open your mouth? Wider, please.*

♦ Si j'appuie ici, cela vous fait-il mal ?
⇒ *Does it hurt when I press here?*

♦ C'est une carie d'une... ⇒ *You have a decayed...*
- incisive. ⇒ *incisor (= front tooth).*
- canine. ⇒ *canine tooth.*
- prémolaire. ⇒ *premolar.*
- molaire. ⇒ *molar.*
- dent de sagesse. ⇒ *wisdom tooth.*

♦ La gencive est rouge et gonflée. Vous avez des ganglions dans le cou et sous les bras.
⇒ *Your gum is red and swollen, and the glands in your neck and under your arms are swollen.*

♦ Je vais vous faire une radio de la dent / de la mâchoire.
⇒ *I'm going to X-ray your tooth / your jaw.*

♦ Fermez la bouche et serrez les dents. Ne bougez pas. Vous pouvez ouvrir la bouche maintenant.
⇒ *Close your mouth and clench your teeth. Don't move. Good, you can open your mouth now.*

♦ C'est un abcès, que je vais devoir ouvrir.
⇒ *You have an abscess, which I'll have to open up.*

♦ La racine est atteinte / indemne. L'infection s'est propagée dans la mâchoire. Celle-ci est inflammatoire, mais dans quelques jours vous pourrez de nouveau ouvrir la bouche normalement.
⇒ *The root is affected / unharmed. The infection has spread to the jaw. It's somewhat inflamed, but you'll be able to open your mouth normally again in a few days' time.*

B. SOINS ET ORDONNANCE

♦ Êtes-vous allergique aux anesthésiques locaux ? Ne vous inquiétez pas : vous ne sentirez qu'une petite piqûre dans la gencive.
⇒ *Are you allergic to local anaesthetics? Don't be worried – you'll just feel a tiny pinprick in the gum.*

♦ Êtes-vous cardiaque / hémophile ?
⇒ *Do you have a heart condition? / Are you a haemophiliac?*

♦ Je vais vous faire un pansement / un plombage. Il faudra revenir… ⇒ *I'm going to give you a temporary filling / a filling. You'll need to come back…*
- demain.   ⇒ *tomorrow.*
- dans … jours.   ⇒ *in … days' time.*
- dans une semaine.   ⇒ *in a week's time.*

♦ Ne bougez pas, je pique. Nous allons attendre maintenant quelques minutes.
⇒ *Don't move, I'm going to give you the injection. We're now going to wait a few minutes.*

♦ Je vais maintenant creuser la dent avec la roulette. Cela vibre et fait beaucoup de bruit, mais vous n'aurez pas mal. Si c'est tout de même le cas, prévenez-moi et je m'arrêterai.
⇒ *I'm going to drill a small hole in your tooth now. It will vibrate and make quite a noise but it won't hurt. If it does hurt, just tell me and I'll stop.*

♦ Gardez la bouche ouverte. Je vais maintenant faire le plombage.
⇒ *Keep your mouth open. I'm going to do the filling now.*

♦ Rincez-vous la bouche et recrachez.
⇒ *Rinse your mouth and spit it out.*

♦ Je dois arracher cette dent. Pour vous éviter d'avoir mal, je vais vous injecter un anesthésique.
⇒ *This tooth needs to come out. I'm just going to give you an injection to make it go numb.*

♦ Voilà, c'est fini maintenant. Je vais vous garder en observation pendant … minutes.
⇒ *Good, it's over now. I'm going to keep you here for … minutes to make sure everything's all right.*

♦ Je vais vous donner des calmants / une poche de glace à tenir appliquée sur la joue pendant ... heures. Il faut renouveler la glace toutes les ... heures.
⇒ *I'm going to give you some painkillers / an ice pack which you must hold up against your cheek for the next ... hours. You'll need to change the ice every ... hours.*

♦ Pendant quelques jours, vous ne devrez pas... ⇒ *For the next few days, you should avoid...*

- prendre d'aliments solides. ⇒ *eating any solid food.*
- prendre d'aliments chauds. ⇒ *eating anything hot.*
- absorber de boissons chaudes. ⇒ *drinking anything hot.*

♦ Je vais vous faire une ordonnance pour un traitement / des bains de bouche.
⇒ *I'm going to give you a prescription for some tablets / mouthwashes.*

♦ Il faudra prendre ... comprimé(s) / gélule(s)...
⇒ *Take ... tablet(s) / capsule(s)...*

- une fois / deux fois par jour. ⇒ *once / twice a day.*
- trois / quatre... fois par jour. ⇒ *three / four... times a day.*
- avant / pendant / après chaque repas. ⇒ *before / during / after every meal.*

Pour le remboursement des soins, voir chap. 1, pp. 13-14.

Index

A

abcès, 227, 228, 229
abdomen, 49, 132, 135
abduction, 123
aboucher, 135
absorber, 146, 224
accélérer, 169
accident(s), 31, 35, 113, 142, 173, 183, 218
accidentel(s), 210
accompagnateurs, 61
accompagner, 26, 101, 164, 168
accouchement, 174, 198, 201, 203
accoucher, 196
accroupir (s'), 150
accueil, 7, 55, 57
acétone, 77, 195
adaptation, 70
adduction, 123
adhésif, 145
administration, 28
administrer, 88, 140, 226
admission, 10, 13
aérosol, 171, 172
affaires de toilette, 98
affection, 173
âge, 32
aggraver (s'), 50, 164
agiter, 144, 150
agrafes, 95, 201
aide-anesthésiste, 137
aide soignante, 29
aiguille, 88, 121, 166
albumine, 77, 195, 196
alcool, 92, 203, 219, 226
alèse, 102, 108
aliment(s), 36, 44, 49, 63, 64, 130, 131, 214, 225, 231
alimentaire, 109, 213
alimentation, 108
allergie, 82
allergique, 37, 82, 93, 138, 157, 229
allonger (s'), 41, 49, 79, 82, 87, 117, 123, 125, 131, 150, 151, 165, 191
amaigrissant, 75
ambulance, 22, 23, 211
améliorer (s'), 51, 62
amphétamines, 138
amputation, 117
amygdales, 34, 157, 158
analgésique(s), 37, 39, 49, 87, 131
analyse, 76, 77, 85, 131
anesthésiant, 84
anesthésie, 17, 37, 55, 116, 137, 138, 139, 140, 178
anesthésique, 141, 230
anesthésiste, 17, 137
angine, 173, 208
angine de poitrine, 175
angiographie, 177
anomalie, 198
antécédents, 31, 32, 36
anti-inflammatoires, 39
antiacide(s), 49, 109, 131
antibiotique(s), 37, 39, 88, 93, 192, 209, 228
anticoagulants, 39
antidépresseur, 224
antidote, 226
antihypertenseurs, 39

antipaludique, 224
antirabique, 223
antiseptique, 90, 92, 93
antivenimeux, 224
anus, 135
appareil(s), 142, 143, 144, 145, 153, 154, 172, 178, 181
appareil auditif, 69
appareiller, 135
appendicite, 35, 131
appétit, 76, 110, 129, 214
appui, 105, 119, 121
appuyer, 42, 80, 83, 124, 156, 171, 191, 228
arceau de lit, 126
armoire, 58
arrachement, 83, 115
arracher, 230
arrêter, 170, 174, 176, 205
arrière-gorge, 158
arrondir, 166
artères, 177
artérite, 173
articulaire, 34, 114, 173
articulation(s), 53, 114, 123
ascenseurs, 60
asphyxie, 209
aspirer, 145
aspirine, 224
asseoir (s'), 26, 41, 46, 66, 79, 104, 107, 151, 166, 171, 176, 177, 228
assistant, 56
assistante sociale, 57
assurance maladie, 12, 15, 16, 23
asthme, 34, 167, 173, 174, 209
atomiseur, 171
attacher, 139
attelle, 115, 126
attendre, 61, 90
atténuer, 126
attestation, 13

attraper, 199
auditif(s), 69, 161
audition, 69
ausculter, 45, 46
autorisation, 17
autoriser, 104
avaler, 44, 83, 129, 141, 156, 158, 169, 224
avortement, 198
avorter, 188

B

badigeonner, 159
bain, 101, 102, 208, 228
bain moussant, 226
baisse, 105
baisser, 124, 143
balance, 75
ballonnement, 50
ballonner, 129
bandages, 180
bande, 119
barbiturique, 224
bas-ventre, 129, 187
bassin, 82, 100, 114, 197
bassin(e), 102, 103, 136, 200
battements, 43, 197
battre, 143
bébé, 196, 197, 198, 199
béquilles, 119
biberon, 206, 213
bile, 130
biopsie, 85
blénorragie, 183
blesser, 157
bloc opératoire, 61, 139, 178
blocage vertébral, 125
bloquer, 44, 117, 144
bock, 136
boire, 26, 30, 51, 64, 77, 109, 133, 135, 139, 146, 166, 184, 186, 203, 205, 206, 214
boissons, 60

Index 235

boîtes, 224
boucher, 132, 157, 158, 193
bouchon, 136, 157
boue, 132
bouger, 66, 80, 83, 88, 114, 144, 152, 157, 160, 168, 180, 221, 230
bouillotte, 131
bourdonnements, 156, 162, 164
boutons, 37
brancardier, 139
brassard, 48, 143
bridge(s), 64, 137
bronches, 84
bronchite, 138, 167, 174, 209
bronchodilatateurs, 209
bruit, 108, 143, 161, 164, 165
brûler, 46, 147, 158, 183, 185, 217, 219, 220
brûlure(s), 43, 218, 219
brûlures d'estomac, 132

C

cacher, 154
cadre, 119
cafétéria, 60
caillot(s), 180, 189
caisse maladie, 13
calculs, 132, 181
calmant(s), 9, 92, 164, 219, 228
calmer, 8, 49, 50, 131, 185, 218
canal urinaire, 181
cancer, 31, 33
canine, 228
canne(s), 119, 123
canule, 136
cardiaque(s), 32, 33, 45, 46, 142, 173, 174, 175, 177, 180
cardiologie, 55, 178
cardiologue, 174, 179

carie, 228
carier, 227
casser, 115
cathéter, 145
cavité, 194
centre de soins, 92
centre hospitalier, 55
céphalo-rachidien, 165, 166
cercueil, 28
cérébral, 173
certificat de vaccination, 223
cérumen, 157
cerveau, 210
cervical(es), 115
césarienne, 197, 203
chaise roulante, 104
chaleur, 207, 217, 218
champ opératoire, 140
champ visuel, 152
chariot, 139
chef de service, 29, 56
chemise d'opéré, 100
cheveux, 101, 102
cheville, 31, 113, 114, 177, 186
chirurgie, 55
chirurgien, 17, 29, 57
choléra, 36
C.H.S., 55
C.H.U., 55
chute, 30, 35, 53, 113, 184
cicatrice, 35, 92, 93
cicatrisation, 94
cicatriser, 94
circulation, 106, 126, 180
ciseaux, 93
claquage, 115
clavicule, 115
clinique, 55
cœur, 143, 175, 176, 177, 178, 197
cogner, 227
coiffer, 99

col utérin, 191
colique, 181
colite, 132
coller, 140
collyre, 153, 154
colonne lombaire, 82
colonne vertébrale, 115, 197
côlon, 132, 135
colorant, 177
colostomie, 135
coma, 24
complications, 193
compliquer (se), 206
compresses, 76
comprimé(s), 21, 38, 110, 130, 139, 193, 224, 231
compte rendu, 20
conduit urinaire, 85
conduit auditif, 157
confort, 57
connaissance, 30, 162, 176
conscient, 140
consentement, 17
conserver, 155
consolider, 116
constiper, 51, 65, 130, 207
consultation, 10, 13, 20, 120
contagieux, 204
contaminer, 89
contenir, 182
contention, 180
contraceptif, 70
contraception, 70, 189, 190
contractions, 199, 204
contraste, 82
contrôle, 179
contrôler, 182
convulsif, 207
convulsions, 161, 207, 208
coqueluche, 33, 204
cordon, 200
corpulence, 127
corticoïdes, 209

côtes, 194
couche(s), 65, 108, 206, 212, 220
coucher (se), 21, 49, 50, 69, 103, 131, 136, 155, 159, 166, 171, 176, 187
coude(s), 114, 115, 120, 124, 199
couler, 96, 153, 155, 158, 208
couleur, 134, 184
couloir, 60
coup, 113, 183, 207, 227
coup de soleil, 217, 218
couper, 64, 102, 122
coussin, 120, 126, 215
couverture, 105, 126, 219
couvrir, 121
crachat(s), 168, 169, 172
cracher, 47, 169, 171
crack, 138
crampes, 43, 53, 176
crâne, 82
crème, 100, 217, 218
crins, 94
crise, 149, 209
crise cardiaque, 175
crisper, 88
croiser, 41, 53
croissance, 212
cruralgie, 124
cuisse, 31, 87, 124
cuvette, 97
cycle menstruel, 187, 188

D

décès, 24, 25, 31
décharge, 22
déchirer, 201
déclencher, 168, 178
décrire, 42, 188, 225
démangeaisons, 134
démanger, 122, 220
dent de sagesse, 228

dentaire, 227
dentier, 64, 99, 137
dentiste, 227
départ, 211
dépistage, 78, 190, 204
déplacer, 152
dérégler, 179
dermatologique, 34
déshabiller, 41, 191
déshydratation, 205, 206
déshydrater, 207
désinfecter, 76, 91, 92
détection, 179
détendre (se), 45, 80, 84, 88, 144
diabète, 32, 34, 173
diabétique, 64, 77, 109
diaphragme, 70, 190
diarrhée, 51, 66, 130, 135, 164, 206, 225
diététicien, 110
diffuser, 171
digestif(s), 34, 205
digitaline, 224
dilater, 153
diphtérie, 36
diurétiques, 39, 175
don d'organes, 27
Doppler, 178
dormir, 68, 108, 109, 139, 143, 158, 169, 184, 214, 221
dorsales, 115
dosage, 225
dosage plasmatique, 195
dose(s), 71, 193
dossier de soins, 63
douche, 101
douleur(s), 8, 30, 37, 42, 43, 47, 49, 50, 68, 120, 126, 131, 156, 163, 164, 174, 176, 181, 184, 185, 187, 194, 197, 209
douloureux, 53, 79, 84, 133, 159, 164, 219, 222

drain, 95
drainer, 93
draps, 108
drogue, 138, 203
droit(e), 171
duodénum, 133
dyspnée, 169

E

eau, 21, 77, 97, 98, 157, 166, 171, 184, 208, 219
eau de javel, 226
eau oxygénée, 92
eaux, 198
écarter, 54, 123, 124, 151, 199, 200
échantillon, 165, 226
échographie, 81, 84, 132, 174, 177, 194, 195, 197
écoulement, 158, 182, 191
écouler (s'), 147, 209
écouvillon, 159
effort(s), 167, 169, 182, 199, 201
électrocardiogramme, 81, 174, 177
élimination, 65
embolie, 175
embout, 171
embryon, 197, 198
emphysème, 167
empirer, 51, 62
empoisonnement, 224
enceinte, 194, 195
encombrer, 132, 145
endocrinologie, 55
endocrinologique, 34
endormir (s'), 68, 69, 138, 139, 206, 210, 215
endoscope, 84, 133
endoscopie, 81
enflammer, 157, 158
enfler, 53, 118, 122, 177, 222

enlever, 82, 91, 92, 95, 106, 120, 127, 136, 143, 159, 160, 219
enregistrer, 143
enrouer, 158
entendre, 69, 155, 161
entorse, 114, 123
entrées, 20, 26, 60
envie, 182
épaule, 87, 114
épilepsie, 149, 160
épingle, 117
épisiotomie, 200, 201
épuiser, 168
équilibre, 67, 149, 150
équipe, 23
escarres, 100, 106
essouffler, 144, 168
essuyer, 100
estomac, 31, 35, 49, 84, 129, 132, 133, 145
état, 22, 24, 26, 62, 137, 153, 170, 215
état civil, 10
éteindre, 219
étendre, 193
éternuer, 158
éther, 92, 224
étouffement(s), 44, 46
étouffer (s'), 64, 172, 214
étourdissement, 30, 156
étriers, 191, 199
évacuation, 145
évacuer, 90, 132
évaluer, 220
évanouir (s'), 79
évoluer, 207
évolution, 215
examen(s), 61, 78, 80, 81, 135, 177, 178, 191, 192, 194, 210
examens sanguins, 165
examiner, 41, 44, 85, 133, 153, 154, 157, 175, 191, 209

exercice, 66
expirer, 46, 123, 159, 169, 171
expliquer, 8, 62, 83, 210
exposer (s'), 217
extension, 123
extincteur, 219
extra-utérin(e), 193, 194
extraire, 222

F

faciliter, 106, 126
facteur, 164
facture, 20
faim, 109, 145, 205
fatigue, 162
fatiguer, 225
fausse couche, 189
fauteuil roulant, 123
fécal(es), 52
fendre, 122
fer, 109
fermeture éclair, 107
fermer (se), 45, 53, 79, 90, 93, 107, 150, 151, 154, 155, 229
fesse(s), 87, 100, 105, 124
feuille de soins, 13
fièvre, 30, 36, 165, 192, 206, 207, 225, 227
fils, 95, 201
fissure, 52
fistule, 52
fixation, 116
fixer, 145, 154
flacon, 76, 89
fléchir, 41, 53
flexion, 123
fluidifier, 172
fœtus, 197
foie, 197
fond de l'œil, 153
force(s), 105, 110, 114, 124, 170, 178
forceps, 203

forcer, 182, 201
forfait hospitalier, 14
formalités, 20, 26, 28
formulaire, 10, 13, 17, 28
formulaire E111, 13, 15
fouler, 115
foulure, 114
fourmillement(s), 53, 149
fracture, 83, 115, 116, 123, 126
frais hospitaliers, 13
frais médicaux, 10, 15
fréquence, 65, 130, 168
frissons, 73, 90
frottis, 191
fumer, 46, 138, 139, 158, 170, 174, 203

G

ganglions, 229
gants, 80
garder, 154, 155
garrot, 79
gastrique, 145
gastrite, 133
gastro-entérite, 206
gastro-entérologie, 55
gastroscopie, 133
gaz, 51, 130, 135, 145, 146
gaze, 93, 159
gel anesthésiant, 84, 133
gel spermicide, 70, 190
gélule(s), 21, 231
gelures, 221
gencive(s), 227, 229
gêne, 50, 143, 167, 169
génitaux, 52, 183
genou(x), 31, 41, 53, 114, 117, 124, 126, 150, 165, 200
germe, 77
geste, 78
glaires, 47
glisser, 107

globules, 131
glucose, 77, 195
gonfler, 122, 143, 186, 222, 229
gonflement, 222
gorge, 30, 44, 45, 84, 133, 144, 146, 157, 158, 159, 160, 209
goutte(s), 21, 153, 155, 159, 183
goût, 149
graisse(s), 64, 109
gratter, 151
grossesse, 174, 193, 194, 195, 196, 203
groupe sanguin, 89
guérir, 216
guérison, 218
gustatif(s), 161
gynécologie, 55
gynécologique, 34, 194
gynécologue, 187, 195

H

habiller, 67, 106, 200
hall, 60
hanche, 35
hélicoptère, 23, 211
hématologie, 55
hématomes, 94
hémiplégie, 118
hémophile, 34
hémorragies, 196
hémorroïdes, 35, 52
hépatique, 34, 64, 109
hépatite, 33, 36, 134
héréditaire, 32
hernie, 35, 133
héroïne, 138
heurter, 113, 184
hoquet, 45
hospitalisation, 20, 142

hospitaliser, 9, 13, 34, 205, 207, 215, 218
humidifier, 92, 146, 160
hydrater, 88
hypertension, 34, 48, 173, 174, 175
hypertrophie, 52
hypotension, 48

I

identifier, 222
identité, 12
illusion, 161
image, 83, 177
immobile, 126
immobiliser, 126
immunoglobulines, 91
incision(s), 135, 144, 200, 201
incisive, 228
incontinent, 65
index, 150
induction, 139
infantile(s), 33, 204
infarctus, 33, 173, 175
infecter, 93, 157, 165, 191, 192
infectieux, 32, 55, 204, 223
infection, 90, 156, 192, 206, 209, 220, 229
infection urinaire, 195
inflammation, 132, 155, 192
inflammatoire, 191, 229
inhalations, 171
inhaler, 209
injecter, 82, 87, 91, 139, 177, 224, 230
injection, 82, 87, 139, 209
inquiéter (s'), 90, 229
insensible, 177
insérer, 93
insolation, 218
inspirer, 46, 123, 159, 169, 171

installation, 41
installer, 104, 126, 136
instrument, 93
insuffler, 135
insuline, 39, 77
interne, 29, 56
interrompre, 183
interrupteur, 58
intervention, 17, 135, 139, 141, 194
intestin, 84, 132, 135
intestinal(e), 206
intolérance, 37
intoxication, 224
intramusculaire, 87
intraveineux, 82, 87, 145
introduction, 133
introduire, 84, 90, 121, 135, 145
intubation, 144
iode, 82, 92, 93
iodé(s), 37, 92
irradier, 42

J

jet, 183
jeun, 78, 133, 139
jumeaux, 198

K

kinésithérapeute, 122
kinésithérapie, 122
kyste, 35, 83

L

laboratoire, 85
lait, 213
lame, 94
laparoscopie, 135
lavabo, 97
lavage gastrique, 225
lavement, 135, 207

laver, 67, 97, 98, 101
laxatifs, 130
lentilles, 69
lésion, 220
lever (se), 41, 45, 48, 52, 54, 66, 89, 90, 97, 103, 104, 107, 124, 126, 141, 149, 155, 159, 164, 191
ligamentaire, 83, 115
ligaments, 117
liquide, 135, 145, 165, 166, 172, 226
liquide amniotique, 199
lire, 69
lit, 58, 65, 79, 89, 97, 101, 104, 105, 107, 120, 166, 210
location, 59
loisirs, 66
lombaire(s), 115, 166
lotion, 217
lunettes, 69, 152
luxation, 83, 114, 123, 126

M

mâcher, 64
mâchoire, 229
maigrir, 75
maladie(s) vénérienne(s), 183, 190
malaise(s), 30, 90, 162, 188
malformation, 181, 198
mammographie, 192
manger, 44, 51, 66, 80, 88, 108, 109, 110, 133, 134, 139, 146, 162, 205, 214, 225, 226
manque, 71
manuel, 7
marcher, 53, 67, 105, 119, 121, 122, 149, 150, 169, 176, 217
masque, 140, 172
massage(s), 100, 123
masser, 125

matériel, 101
maternité, 55
matières fécales, 132
mèche, 93, 159, 160, 200
médicament(s), 9, 21, 38, 39, 49, 68, 88, 110, 137, 145, 171, 172, 175, 203, 208, 220, 224
membre(s), 31, 118, 121, 222
mémoire, 149
méningite, 165
ménisques, 117
messe, 72
mesurer, 76, 142, 200
mesures, 143
microbe(s), 77, 90
microscope, 85
miction, 183, 185
migraines, 163
mineur, 17
miroir, 99
mobilité, 149
modifier, 168
moelle, 115
mollet(s), 53, 124, 176
moniteur cardiaque, 142
mononucléose, 204
monter, 82, 164, 169
montrer, 45, 130, 156, 163, 185, 220, 226
mordre, 161, 222, 223
morgue, 26
morsure, 222, 223, 224
mou, 151
moucher, 171
mouiller, 96, 102, 108, 121, 206
mouvement, 163, 207
MST, 183
muscles, 88
musulman, 63, 109
mycose(s), 220
myocarde, 175

N

naissance, 11, 203, 212
naître, 203
narine, 21, 160
nausée(s), 31, 133, 164, 225
néphrétique, 181
néphrologie, 56
nettoyer, 87, 90, 92, 99, 135, 154, 157, 224
neuro-chirurgie, 118
neuroleptique, 224
neurologie, 56
neurologique(s), 34, 81, 149, 210
nombril, 141, 197
nourrir, 145, 213
nourriture, 110
numération, 195
nuque, 164, 165, 171
nutrition, 63

O

objet(s), 27, 94, 121, 151
objets de valeur, 18
observation, 142, 221
obstétrique, 55
occlusion intestinale, 132, 207
occuper (s'), 61, 219
odeur, 120
odorat, 149
œdématié(s), 122
œdème, 115, 186
œsophage, 84, 133
ongles, 102
opération, 20, 35, 116, 135, 139, 142
opératoire, 94
opérer, 10, 17, 34, 131, 156, 157, 181, 194
ophtalmologie, 56
ophtalmoscope, 153
ordonnance, 20, 39, 120, 213, 231
oreiller, 105, 166, 169, 171
oreillons, 204
orifice urinaire, 90
O.R.L., 56, 155, 156
orteil(s), 114, 119, 124, 150, 177, 220, 221
otite(s), 155, 204, 208, 209
otoscope, 157
ouverture, 209
ouvrir, 44, 53, 79, 90, 99, 107, 141, 150, 158, 159, 228, 229
ovule, 194
oxygène, 140, 142, 144, 209

P

pacemaker, 178, 179
paiement, 13
palper, 49, 52
palpitation, 176
paludisme, 36
pancréatite, 134
pansement, 80, 88, 91, 95, 146, 155, 230
papier hygiénique, 104
paracentèse, 209
paracétamol, 224
paralyser, 118
paralysie, 117
paraplégie, 118
pastilles, 140
patienter, 136
paumes, 150
payer, 59
peau, 87, 92, 100, 122, 220
pédiatre, 203
pédiatrie, 56, 215
peigner, 99
pencher (se), 45, 54, 105, 125, 166
pénicilline, 37

perdre, 71, 75, 162, 182, 189, 206
perdre connaissance, 161
perfuser, 207
perfusion(s), 88, 89, 100, 139, 166, 225
péridurale, 141, 197
périnée, 200, 201
péritonite, 193
perte(s), 149, 162, 176, 188, 201
perturber, 182
peser, 75, 126, 200
pharmacie(s), 120, 194
pharyngite, 209
phlébite, 115, 175
physiologique, 154
picotements, 53
pile, 178
pilule(s), 21, 70, 188, 190
pince, 93
piquer, 79, 80, 87, 88, 117, 151, 221, 230
piqûre(s), 9, 38, 79, 117, 221, 222
piqûres d'aiguille, 43
piscine, 123
pivot, 137
pivoter, 123
placenta, 198
plaie, 91, 93, 94, 115
plante du pied, 151
plaque, 83
plâtre, 116, 118, 119, 120, 121, 122
pleurer, 205, 208
plier, 41, 53, 123, 150, 151, 165, 200
plombage, 230
pneumologie, 56
poche, 89, 135, 136
poids, 43, 75, 76, 116, 127, 131, 203, 206

poignet, 31, 113, 114, 115
poing, 90, 113
point(s), 47, 95, 154
point douloureux, 167
points lumineux, 161
polio, 36
pommade, 21, 93, 155
pompes funèbres, 28
pompier, 162
ponction lombaire, 81, 165, 166
ponctionner, 88
poser, 70, 88, 90, 116, 119, 132, 150, 178, 179, 180, 190
position, 49, 106, 168
pouce, 215
poudre, 93
pouls, 48, 75
poumon(s), 82, 145, 170, 180
pourcentage, 220
pousser, 150, 199
pratiquer, 138, 209
précaution(s), 179, 211
prélèvement, 160, 191
prélever, 85, 165, 166
prémédication, 139
prémolaire, 228
préparer, 194, 211
prescrire, 81, 171, 193, 218, 220
présentation, 7, 29
préservatifs, 70, 190
presser, 136
prévenir, 8, 17, 26, 77, 110, 152, 193
produit(s), 76, 82, 135, 139, 141, 157, 225
produit ménager, 226
profession, 11, 33
prononcer (se), 24, 215
propager (se), 222, 229
prostate, 52
protection, 65, 80, 108

prothèse de hanche, 35, 117
prothèse dentaire, 64, 137
psychiatrie, 56
psychiatrique, 34
pubis, 184
puéricultrice, 203
pulmonaire(s), 33, 45, 167, 175
pulsations, 142, 178
pupille, 153
purulent, 93, 182
pus, 93, 94

R

racine, 229
racler, 158
raconter, 210
radio(graphies), 20, 82, 114, 120, 132, 192, 197, 207, 210, 229
radiologique(s), 81, 177
rage, 36, 223
ralentir, 169
ralentissement, 180
rapatriement, 23, 28
raser, 99, 139
rasoir, 98, 99
rasseoir, 54
rassurer, 84, 95, 133, 153, 172, 210, 215, 216
réalimenter, 146
réanimation, 25, 142
rechange, 107
réchauffer, 221
recherche, 223
récipient, 226
rectal, 52
rectum, 135
redon, 94
redresser, 45, 124
réduire (se), 126
rééducation, 56
refaire, 92, 95, 122

réflexes, 149, 151
regard, 152
regarder, 152, 163
régime, 64, 75, 109
registre, 27
règles, 187, 188, 189, 194
régulariser, 178
régurgitations, 45, 214
réhydrater, 206, 218.
rein(s), 90, 125, 129, 181, 183, 185, 197
relâcher (se), 42, 88, 151, 199
relever (se), 150
relier, 136
religion, 72
remboursement, 13
remettre, 116
remonter, 105, 180, 194
remplir, 136
remuscler, 122
rénaux, 34, 129, 181
rendez-vous, 20, 57, 120
renverser, 219
renvois, 45, 129
repas, 21, 50, 57, 80, 108, 110, 132, 206, 210, 213, 225
repos, 68, 104
reposer (se), 61
résine, 118
résister, 144, 150
respirateur, 144
respiration, 46, 144, 169, 170
respiratoire(s), 170, 208
respirer, 30, 46, 83, 95, 125, 133, 140, 144, 157, 158, 160, 168, 169, 171, 172, 208
ressentir, 162, 169
résultats, 77, 80, 190
retard, 188, 194
retenir, 147
réveil, 21, 68, 141
réveiller (se), 50, 68, 140, 141, 156, 162, 168

revenir, 54, 61, 95, 102, 120, 149
rhabiller, 54
rhinite, 209
rhumatismal, 31
rhumatisme, 173
rhumatologie, 56
rhume, 208
rire, 201
rincer, 100, 102, 154, 160, 227
ronfler, 108
roséole, 204
rotation, 123
rots, 50, 131
rotule, 117
rougeole, 33, 204
rouler, 49, 131
roulette(s), 89, 230
rubéole, 33, 195, 204
rupture, 115
rythme cardiaque, 140, 180

S

sable, 181
sage-femme, 195
saignements, 188
saigner, 155, 189
salir, 96
salive, 156
salle d'attente, 8
salle de bain, 58, 77, 98, 101
salle d'examen, 61
salle d'opération, 116
salle de plâtre, 118
salle de réveil, 141
salle de soins, 77
salpingite, 192
SAMU, 211
sang, 47, 52, 78, 79, 88, 90, 94, 126, 130, 131, 134, 142, 164, 169, 180, 181, 184, 189, 194, 227
sanguin(s), 36, 78, 81, 178, 225
santé, 22, 31, 170, 204
savonner, 102
scalpel, 93
scanner, 81
scarlatine, 173, 204
sciatique, 124
sécher, 102, 120, 121
secouriste, 162
secrétaire, 7
secrétariat, 57
sécrétions, 145
Sécurité sociale, 13, 15
sein(s), 191, 213
sel, 64, 109
selle(s), 49, 50, 51, 65, 103, 130, 131, 134, 136, 162, 201, 206, 207
sens, 221
sensation(s), 42, 149, 156
sensibilité, 141, 149
sentir, 105, 151
sérologique(s), 81
séronégatif, 190
séropositif, 71, 190, 204
serrement, 43, 47
serrer, 53, 79, 90, 119, 122, 124, 141, 150, 166, 229
sérum antitétanique, 91
sérum antivenimeux, 224
sérum physiologique, 154
service, 55
serviette, 102, 208
sexe, 198
sexualité, 70
sexuel, 189, 190, 192
shampooing, 101, 226
sida, 71, 78, 190, 195, 204
sieste, 207, 214
sifflements, 156
siffler, 150
sinus, 159

situation, 207
soif, 30, 109, 129, 145
soigner, 8, 63, 71, 220
soin de bouche, 99, 160
soins, 13, 26, 77, 123, 146, 154, 159, 200
sommeil, 68, 108, 182, 214
somnifère, 69, 224
son(s), 143, 161
sonde à oxygène, 144
sonde gastrique, 132, 145
sonde urinaire, 90, 91, 147
sonner, 77, 90, 143,
sonnette, 58, 104, 127, 136, 143
sortie, 20, 22
sortir, 93, 94, 102
souffle, 47, 169, 199
souffle cardiaque, 46
souffrir, 32, 163, 175, 185, 219
soulager, 9, 130, 132, 135, 154, 168, 172, 209, 218
soulever, 65, 100, 105, 106, 119, 182, 200
souple, 151
sous-cutané, 87
sous-vêtement(s), 41, 82, 107
souvenir (se), 142, 162
sparadrap, 92
spasmes, 132
spermicide, 70
sport, 67
spray, 171, 209
stase, 180
stérile, 93, 140, 213
stérilet, 70, 190
stimulateur cardiaque, 178
stress, 50, 70
sucer, 215
sucre, 64, 77, 109
supporter, 63, 137
surélever, 106, 120
surveillante(-chef), 7, 29, 57

surveiller, 140, 178, 207, 208
survenir, 156, 185
suturer, 117
symptôme(s), 21, 164, 216, 225
syncope, 161
syphilis, 183, 195
système nerveux, 149
système veineux, 180

T

tabac, 170
table, 82, 98, 191, 210
tache, 220
taille, 75, 201
talonnette, 119
talon(s), 100, 105, 119, 150
tampon, 80
taux, 142
téléphone, 16, 59
téléphoner, 16, 25, 57, 59, 215
télévision, 59, 164
température, 73, 74, 97, 208, 218
tendinite, 114
tendons, 115, 117
tendre, 79, 89, 124
tcnir, 104, 150
tension, 48, 74, 139, 143, 180, 196, 204
terme, 203
test de dépistage, 78, 190, 191
test de grossesse, 193
test sanguin, 195
tester, 151
tétanos, 36, 223
tétraplégie, 118
thermomètre, 73
tire-lait, 213
tirer, 44, 99, 141, 158, 199
tissu, 85, 219
toilette, 67, 76, 97, 98, 99, 146, 200

toilettes, 52, 58, 66, 76, 103
tomber, 113, 122, 161, 210, 227
tordre, 113
torse, 140
torticolis, 125
toucher, 52, 140, 151
tourner, 41, 45, 48, 83, 87, 100, 125, 165
tousser 44, 46, 47, 64, 65, 138, 145, 158, 168, 169, 182, 191, 201, 208
toux, 47, 167, 168
toxoplasmose, 195
trachée, 144
trachéotomie, 144
traction, 116, 126
traitement, 38, 77, 163, 178, 192, 204, 205, 206, 209, 223, 228, 231
transférer, 118, 178
transfert, 211
transfusion, 89
transmettre, 223
transpirer, 66, 73, 162
trapèze, 105
traumatisme, 149, 183
traumatologie, 123
travailler, 163, 217
tremblements, 161
tremper, 92, 102
triplés, 198
trompes, 192, 193
tube, 84, 90, 133, 136, 144, 145, 146, 224
tuberculose, 33, 36, 167, 174
tulle gras, 93
tumeur, 35
tuyau, 94
tympan(s), 157, 209
typhoïde, 36

U

ulcère, 109, 133
ultrason(s), 84, 177
uretère, 181
urètre, 85
urgence(s), 25, 55, 98, 132
urinaire, 34, 85, 90, 147, 181, 225
urinal, 103
urine(s), 30, 65, 76, 77, 90, 134, 147, 161, 162, 182, 183, 184, 185, 196, 201, 212
uriner, 65, 76, 103, 147, 182, 183, 184, 206
urologie, 56
urticaire, 36
utérus, 191, 194, 201

V

vaccination(s), 36, 91
vacciner, 204, 223
vaginal, 188, 191
vaisseaux, 178
vapeur, 71
varicelle, 33, 204
varices, 180
variole, 36
vasculaire, 173
végétarien, 63, 109
végétations, 35, 157
veine, 88, 175
vénéneux, 226
vénérien, 190
ventilé, 145
ventouse, 203
ventre, 199
verge, 182
vérifier, 91, 142, 178, 180
verser, 219
vertèbres, 141, 197
vertiges, 30, 103, 162, 164
vésicule biliaire, 35, 132

vessie, 84, 90, 147, 182
vêtements, 58, 67, 82, 100, 106, 219
vétérinaire, 223
vider, 170, 182
VIH, 204
violences sexuelles, 70
vision, 69
visite(s), 61, 179, 215
visiteurs, 61
visuel, 161
vitamines, 213

voie intraveineuse, 82, 88, 193
voies respiratoires, 171
voir, 152, 153, 161
voix, 158, 168
vomir, 66, 129, 131, 141, 145, 205, 210, 225
vomissements, 30, 50
vue, 152, 162, 164

W

WC, 58

Aubin Imprimeur
LIGUGÉ, POITIERS

Achevé d'imprimer en mai 2006
N° d'impression P 70010
Dépôt légal mai 2006 / Imprimé en France